Ostern 2000

Lois Szymanski
lebt zusammen mit ihrem Mann, zwei Töchtern, drei Ponys und mehreren Katzen in einem Farmhaus in Westminster, Maryland. Sie hat zahlreiche Kinderbücher geschrieben, fast alle über Ponys und Pferde.

Lois Szymanski

Geliebte Ponys

Das Pony in den Wellen

Deutsch von Katharina Georgi
Illustrationen von Bettina Wohlfarth

SCHNEIDER BUCH

Die Deutsche Bibliothek – CIP-Einheitsaufnahme

Szymanski, Lois:
Geliebte Ponys / Lois Szymanski. Dt. von Katharina Georgi-Hellriegel. – München : Egmont Schneider

Das Pony in den Wellen. – 2000
ISBN 3-505-11245-3

Hrsg. Helga Wegener-Olbricht

Dieses Buch wurde auf chlorfreies, umweltfreundlich hergestelltes Papier gedruckt. Es entspricht den neuen Rechtschreibregeln.

Der Schneider Verlag im Internet:
http://www.schneiderbuch.de

Published by Arrangement with Avon Books, New York
Originaltitel: Sea Feather
Übersetzung aus dem Amerikanischen
von Katharina Georgi
Titelbild: Ursula Weller
Illustrationen: Bettina Wohlfarth
Karte: Gert Köhler
Umschlaggestaltung: ART-DESIGN Wolfrath, München
Herstellung/Satz: FIBO Lichtsatz GmbH, München
Schrift: 13˙ Garamond
Druck: Presse-Druck, Augsburg
Bindung: Conzella Urban Meister, München-Dornach
ISBN 3-505-11245-3

00 01 / 8 7 6 5 4 3 2 1

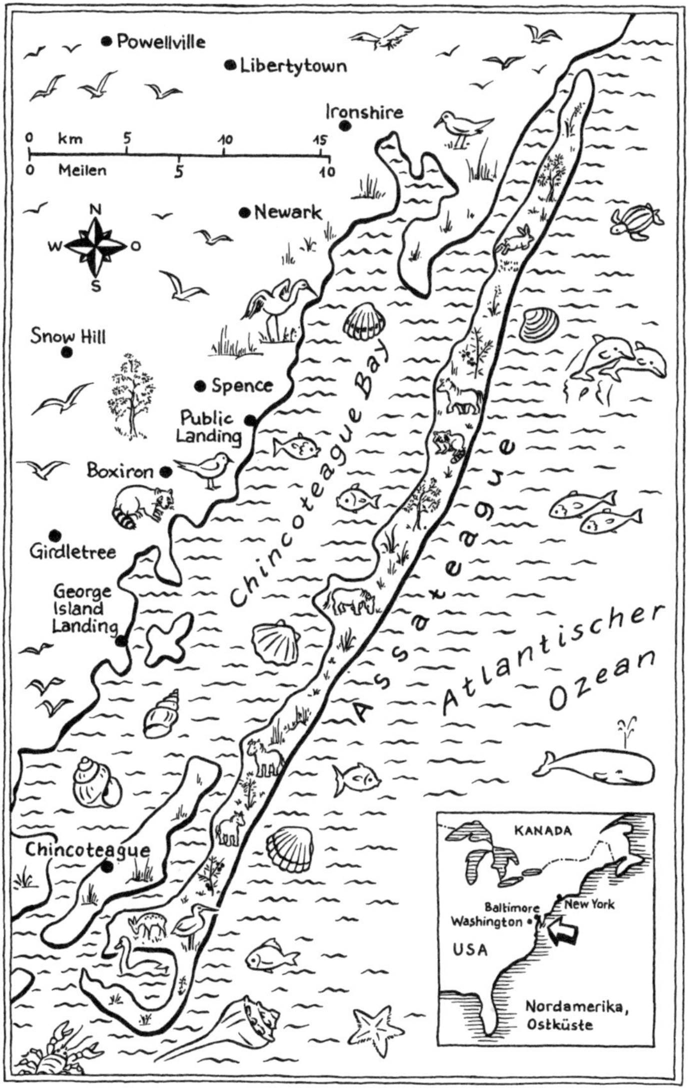

Powellville
Libertytown
Ironshire
0 km 5 10 15
0 Meilen 5 10
N
W
O
S
Newark
Snow Hill
Spence
Public Landing
Boxiron
Girdletree
George Island Landing
Chincoteague Bay
Assateague
Atlantischer Ozean
Chincoteague
KANADA
Baltimore
New York
Washington
USA
Nordamerika, Ostküste

Die Ponys von Assateague und Chincoteague

Vor der Küste Marylands im Osten der USA liegen die Inseln Assateague und Chincoteague. Ein Leuchtturm wurde bereits vor langer Zeit im Norden erbaut, der Schiffen den Weg zum Hafen von Ocean City weist. Vor etwa dreihundert Jahren soll ein Schiff vor der Insel im Atlantik in einen Sturm geraten und untergegangen sein. Den Erzählungen nach konnten sich nur einige der mitgeführten Pferde schwimmend auf die menschenleere Insel retten. Seitdem leben Ponys dort wild. Sie sind erstaunlich buntfarbig: Dunkelbraune kommen ebenso vor wie Füchse mit Blessen, Schimmel mit rauchgrauen Köpfen, die berühmten Mistys, und Schecken in verschiedensten Farbkombinationen. Nahrung und Süßwasser ist für die Pferde fast das ganze Jahr vorhanden. Sie teilen ihr „Paradies“ mit kleineren Wildtieren, die ihnen nicht gefährlich werden: Füchsen, Hasen, Waschbären und Mardern. Vor einiger Zeit wurden die Inseln zum Naturschutzgebiet erklärt.

Einmal im Jahr, Ende Juli, kommen Männer mit Reitpferden über eine Verbindungsbrücke von der Nachbarinsel Chincoteague, die offiziell Besitzer der Ponys sind. Sie treiben alle wild lebenden Pferde zur Südspitze des Inselreservats – und von dort in die schmale Bucht. Schwimmend gelangt so die gesamte Herde von etwa zweihundert Tieren mit den Fohlen nach Chincoteague. In der Stadt werden die Pferde auf Krankheiten und Verletzungen untersucht; anschließend wird etwa die Hälfte der Jährlinge, meist etwa dreißig Tiere, versteigert. Zahlreiche Besucher kommen zu dieser Versteigerung, die von einem Volksfest umrahmt wird. Am Abend kehrt die Herde zu ihrer heimischen Insel Assateague zurück, auf demselben Weg, auf dem sie hergekommen ist. Dann kehrt auf den kleinen Inseln wieder für ein Jahr Ruhe ein.

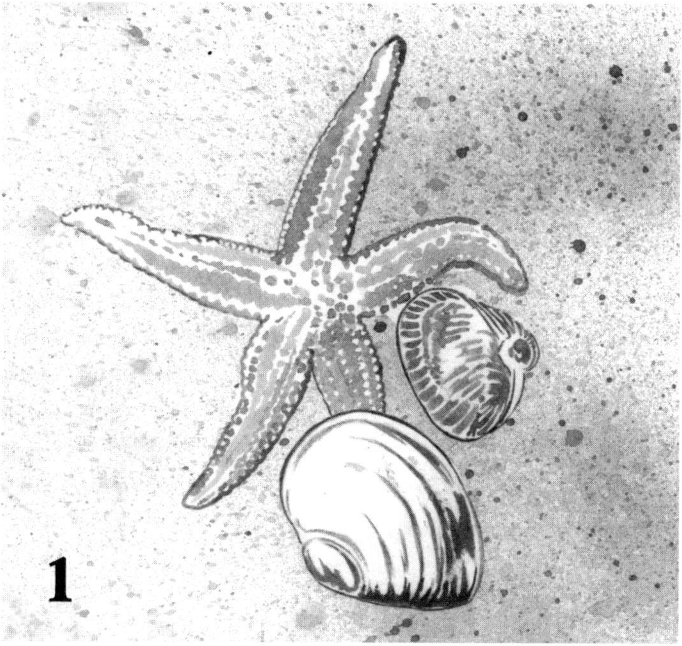

1

Alison rutschte auf ihrem Sitz herum. Obwohl sie bereits in aller Frühe aufgebrochen waren, platzte sie fast vor Energie. Wenn sie wegen ihrer Reise nicht so aufgeregt gewesen wäre, hätte sie das regelmäßige Schaukeln des Wagens wieder in den Schlaf gewiegt. Alisons Familie fuhr jedes Jahr auf die Insel Chincoteague in Virginia, um dort das alljährliche Ponytreiben anzuschauen. Aber in diesem Jahr war alles anders. Diesmal fühlte sie, dass etwas ganz Großes auf sie wartete.

Alison spürte ein Knie in den Rippen, als ihre jüngere Schwester Laura die Beine ausstreckte.

„Rutsch rüber, Alison", stöhnte Laura unwirsch. „Ich versuche zu schlafen!"

„Wie kannst du nur!", murrte Alison.

„Ich bin müde."

„Aber wir fahren in die Ferien!" Alison konnte es nicht glauben, dass irgendjemand schlafen konnte, wenn sie auf dem Weg nach Chincoteague waren. Sie konnte es kaum erwarten, die wilden Ponys zu sehen, wenn sie die Bucht zwischen den Inseln Assateague und Chincoteague durchschwammen. Alison wusste, dass danach die Versteigerung stattfand, auf der die Fohlen verkauft wurden. „Wir werden bald die Ponys sehen“, sagte sie. „He, Laura, das ist doch spannend!“

Laura setzte sich hin und rieb sich gereizt die Augen. „Wir haben sie schon eine Million Mal gesehen.“

„Nicht eine Million.“

„Na gut, nicht eine Million. Aber wir haben sie schon oft gesehen.“

Die Mutter warf ihnen vom Vordersitz aus einen Blick zu. „Streitet euch nicht“, sagte sie, dann drehte sie sich wieder um, um zusammen mit dem Vater auf den Verkehr zu achten.

Alison strich sich mit der Hand über das blonde Haar und rückte das Kissen hinter ihrem Rücken zurecht. Sie wünschte, sie könnte so ruhig bleiben wie ihre kleine Schwester. War sie vor zwei Jahren ebenso gleichgültig gewesen, als sie acht Jahre alt gewesen war? Sie glaubte es nicht. Sie konnte sich nicht einmal daran

erinnern, dass sie jemals nicht aufgeregt gewesen war über die Aussicht, die Ponys zu sehen, von welcher Größe, Rasse oder Farbe auch immer! Die wilden Ponys, die auf der Insel Assateague lebten, hatten etwas Besonderes. Seit Alison *Misty von Chincoteague* und *Stormy, Mistys Fohlen* gelesen hatte, liebte sie die Insel und ihre wilden Ponys. Und die Ferien dort jedes Jahr vergrößerten ihre Liebe nur noch. Zu Alisons Aufregung kam noch ein Gefühl aus ihrem tiefsten Inneren hinzu. Es war die überwältigende Gewissheit, dass irgendetwas Schönes geschehen würde. Vielleicht sogar irgendetwas ganz Großartiges.

Alison beobachtete, wie ihre Schwester ein Bein ausstreckte. Damit wurde der Platz auf ihrer Seite der Sitzbank noch kleiner. Sie überlegte, ob sie auf den hinteren Rücksitz kriechen sollte, obwohl der bis obenhin mit Koffern und einem riesigen Strandfloß bedeckt war.

Alison war grantig, sie stieß mit dem Fuß gegen den Oberschenkel ihrer Schwester. „Wie kannst du nur so ruhig sein?“, brummte sie. Sie berührte das Bündel Banknoten in ihrer Tasche. Es war dick und verheißungsvoll. „Ich verrate dir ein Geheimnis“, sagte sie.

Laura öffnete ein Auge und zeigte eine Spur Interesse. Sie setzte sich auf, zog sich die Decke eng um die Schultern und wartete.

Plötzlich wünschte Alison, sie hätte den Mund gehalten, denn sie wusste, dass sie sich nicht darauf verlassen konnte, dass ihre Schwester dichthalten würde. Aber Laura starrte sie mit großen und erwartungsvollen Augen an, also konnte sie nicht mehr zurück.

Alison schob eine Strähne von Lauras langem roten Haar beiseite. „Ich hab vierhundertachtundneunzig Dollar gespart“, wisperte sie ihrer Schwester ins Ohr. „Das sind fast fünfhundert Dollar!“ Sie sagte es voller Stolz, denn sie hatte im Volksfestgeschäft ihrer Tante und ihres Onkels mitgearbeitet; sie war auf Jahrmärkte und Schützenfeste überall im Land mitgefahren, um eigenes Geld zu verdienen. Sie hatte viele Stunden damit verbracht, Wurfpfeile aufzuheben, kleine Fetzen der zerschossenen Ballons zusammenzukehren und den Leuten Wechselgeld herauszugeben, die einen Dollar bezahlten, um drei Pfeile zu werfen. Einige waren mit einem Gewinn davongegangen. Andere nicht. Alisons Gewinn steckte in ihrer Tasche, eine ganze Menge

Geld, das sie für diese Reise gespart hatte. Geld, das ihren Traum Wirklichkeit werden lassen konnte.

Laura rieb heftig ihr Ohr und starrte Alison böse an. „Ich habe dir schon hundertmal gesagt, dass du das nicht machen sollst", sagte sie wütend. „Du hast wieder nur mein Ohr gekitzelt, dass es mir eiskalt den Rücken runterläuft, und ich hab kein Wort von dem verstanden, was du gesagt hast!"

„Mädchen!" Die Warnung kam von ihrer Mutter. „Warum schlaft ihr nicht ein wenig? Es wird noch Stunden dauern, bis wir die Insel erreichen."

„Ich hab's gerade versucht!", erklärte Laura.

Alison legte einen Arm um ihre Schwester. Diesmal flüsterte sie laut und nicht direkt in Lauras Ohr. „Hör gut zu, Quietschmaus. Ich sage es nur noch einmal."

Laura wollte sich ihr entziehen, aber ein Blick von Alison ließ sie stillhalten.

„Ich habe fast fünfhundert Dollar gespart.“ Alison sprach langsam und bedächtig.

Jetzt rückte Laura von ihr ab. „Fünfhundert Dollar?“ Sie starrte ihre Schwester ungläubig an. „Wie hast du das gemacht?“ Dann, ehe Alison antworten konnte, weiteten sich Lauras Augen, und sie stieß einen unterdrückten Schrei aus.

Die Mutter drehte sich halb um und warf ihnen einen Blick zu, und Alison sah deutlich, dass Laura sich sehr bemühte, einen normalen Eindruck auf sie zu machen.

Als Mam ihre Aufmerksamkeit wieder der Straße zuwandte, konnte Laura endlich sprechen. „Überleg doch mal, was wir uns in den Ferien dafür alles kaufen können“, sprudelte sie hervor. „Zuckerwatte auf dem Volksfest, Spielzeugpferde, Karamellbonbons, Postkarten ... wir können sogar überall mehr als einmal fahren!“

Alison schüttelte den Kopf und seufzte. „Darf ich dich daran erinnern, dass es nicht dein Geld ist.“

„Ist es doch, wenn du willst, dass ich nichts verrate“, sagte Laura herausfordernd.

„Du kleine Ratte!“

„Okay, das meiste davon ist deins“, gab Laura nach.

Alison rollte verzweifelt die Augen. Wenn es nicht wichtig wäre, ihre Schwester auf ihrer Seite zu haben, wäre die Versuchung groß, sie zu verhauen. Sie versetzte Laura einen leichten Schlag auf den Kopf. „Denk nach“, forderte sie sie auf. „Was könnten wir wohl für fünfhundert Dollar kaufen?“

Plötzlich leuchteten Lauras Augen auf. *Na endlich*, dachte Alison. *Laura ist endlich aufgewacht!*

„Ein Pony!“, stieß Laura hervor. „Wirst du ein Pony auf der Versteigerung kaufen?“

Jetzt war es Alison, die sich zufrieden zurücklehnte. „Jedes Jahr bitten wir Mam und Dad darum, und jedes Jahr sagen sie, wir könnten es uns nicht leisten“, sagte sie sanft. „Jetzt habe ich das Geld. Wie können sie jetzt noch nein sagen?“

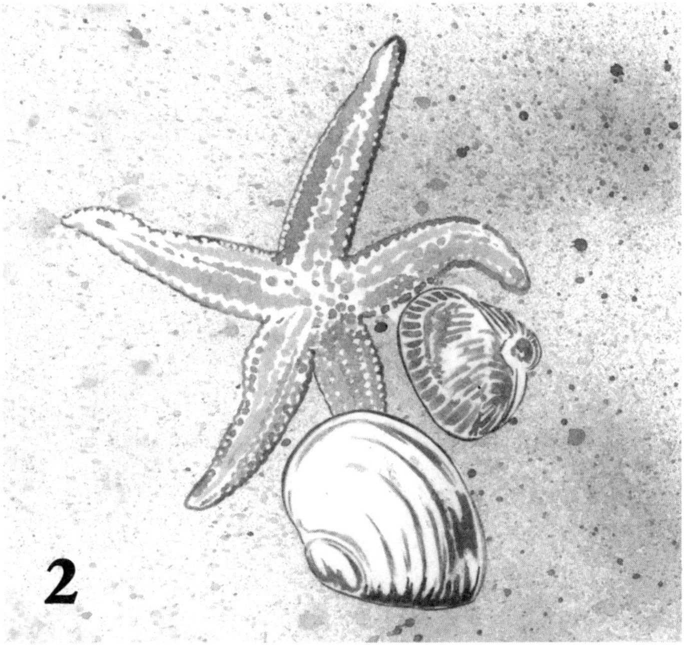

2

Sie waren schon fast in Salisbury, bevor Alison sich zu fragen traute. Eigentlich war es eine einfache Frage. Sie stellte sie jedes Jahr und erwartete ein Nein. Aber dieses Jahr hing so viel davon ab. Sie war ihrer Hoffnung noch nie näher gewesen, noch nie.

Laura war endlich richtig wach; sie saß auf ihrer Seite der Rückbank und hielt ein Computerspiel in den Händen. Dad hatte gerade irgendetwas von Anhalten und Essen gesagt. Mam war dabei, ihn zu überreden, noch eine Stunde zu warten, bis sie auf dem Campingplatz angekommen waren.

Schließlich platzte Alison einfach damit heraus. „Kriegen wir dieses Jahr ein Pony?"

„Nein!" Die Eltern antworteten wie aus einem Mund, so wie jedes Jahr.

„Aber ich habe fast fünfhundert Dollar gespart!"

Auf dem Vordersitz herrschte Schweigen. Alison beobachtete, wie die Eltern Blicke tauschten. Es schien, als ob sie ohne Worte miteinander sprächen.

„Ich wusste nicht, dass Tante Janie dir so viel für deine Hilfe gezahlt hat", sagte Dad.

„Ich staune, dass du so viel Geld gespart hast!“, fügte Mam hinzu. Sie wandte sich an den Vater. „Sie hat wirklich viel gespart!“ Sie zögerte. „Aber die Ponys kosten normalerweise mehr als fünfhundert Dollar. Letztes Jahr lag der Durchschnittspreis bei neunhundert.“

Dads Schultern entspannten sich etwas, und er lächelte. „Mam hat Recht“, sagte er. „Du wirst niemals ein Pony für nur fünfhundert Dollar bekommen. Die Ponys kosten jetzt mehr als jemals zuvor.“

„Aber Dad!“ Lauras Stimme klang weinerlich. „Können wir es nicht wenigstens versuchen?“

Nach einer kurzen Pause antwortete der Vater. „Natürlich“, sagte er. „Wenn du es schaffst, von heute bis zur Versteigerung der Wildponys am Donnerstag nichts von deinem Geld auszugeben, und wenn du wirklich ein Pony für fünfhundert Dollar findest, dann erlauben wir es.

Aber denk dran“, fügte er hinzu, „für das Pony, das du kaufst, wirst du allein verantwortlich sein.“

„Toll!“, schrie Alison.

„Denk daran“, wiederholte Mam. „Du musst dein Geld zusammenhalten. Kannst du es wirklich schaffen, von Montag bis Donnerstag nichts von deinem Geld auszugeben? In den Ferien?“

„Ja, das kann ich“, antwortete Alison.

„Ich auch“, sagte Laura. „Ich werde auch nichts von meinem Geld ausgeben und ihr aushelfen.“

„Wie viel hast du denn?“, fragte Alison.

Laura holte einen kleinen schwarzen Geldbeutel heraus und ließ ihn aufschnappen. „Ich hab noch mein ganzes Geburtstagsgeld“, sagte sie stolz, „und das Geld, das Pop Pop und Grammy mir für die Ferien gegeben haben, auch.“ Sie legte die Geldscheine in sauberen kleinen Stapeln auf den Sitz, einen Zwanziger, einen Zehner, zwei Fünfer und drei Ein-Dollar-Scheine.

„Dreiundvierzig Dollar“, zählte Alison zusammen.

„Das ist noch nicht alles!“ Laura lachte. „Schau mal!“ Sie langte unter den Sitz und holte eine Socke hervor. Sie war oben zusammengeknotet und durch das Gewicht ihres Inhalts in die Länge gezogen. Sie zerrte an dem Knoten herum, dann drehte sie die Socke um. Ein Haufen Münzen fiel auf den Sitz, ein paar rollten auf den Boden.

„Mann!“, sagte Alison. „Woher hast du all das Kleingeld?“

„Ich habe es das ganze Jahr lang gesammelt“, antwortete Laura. „Du wärst überrascht, wie viel zwischen den Sofakissen steckt und unter dem Bett.“

„Eine ganze Menge“, stimmte Alison zu.

„Einiges hab ich auch aus dem

Trockner, wenn ich die Wäsche zusammenlege. Und einiges aus deiner oberen Schublade", gab sie verlegen zu.

Alisons Augen verdüsterten sich. „Du kleines Miststück! Ich hab mich schon gewundert, wohin all mein Kleingeld verschwunden ist."

„Ich finde, du kannst mir dankbar sein, dass ich es aufgehoben habe", sagte Laura sanft. „Sonst hättest du es bestimmt für Limo und Süßigkeiten und dummes Zeug ausgegeben."

Alison merkte, wie ihr Ärger schwand. „Vielleicht hast du Recht", gab sie zu, „wenn nur alles für unser Pony ist."

„Bestimmt." Laura nickte.

„Dann lass es uns zählen und sehen, wie viel wir haben." Alison schaute vom Münzenstapel zu Laura hinüber. „Trotzdem bist du ein Miststück", sagte sie, als sie die Münzen sortierte und aus den Fünf-Cent-Stücken, Zehn-Cent-Stücken

und Viertel-Dollar-Münzen einzelne Häufchen machte.

Laura baute aus den einzelnen Haufen ordentliche Stapel, nur die Pennys ließ sie übrig, die zwischen ihnen auf dem Sitz einen großen Kupferhügel bildeten. Sie holte drei Pennys hervor, auf denen sie gesessen hatte. „Welche Farbe gefällt dir am besten?“, fragte sie verträumt.

„Wie meinst du das?“

„Welche Fellfarbe magst du am liebsten, meine ich!“

„Oh.“ Alison drehte an ihrem Knoten, während sie überlegte. „Ich weiß nicht. Ich mag sie alle. Aber ich glaube, am besten gefallen mir die Schecken und die Braunen.“ Sie schloss für einen Moment die Augen und sah ein großes braunes Fohlen, das am Strand entlanggaloppierte. Das Fohlen durchquerte spritzend die Brandung, seine langen Beine mit den weißen Fesseln wirbelten Gischt empor.

Sein brauner Körper war dunkel vom Wasser, seine schwarze Mähne und der Schweif wehten in der Brise.

„Sieben Dollar und zweiundzwanzig Cent."

Alison öffnete die Augen, und das braune Fohlen verschwand.

„Wir haben sieben Dollar und zweiundzwanzig Cent als Kleingeld. Wie viel ist das jetzt alles zusammen?", erkundigte sich Laura.

Alison zählte die Beträge im Kopf zusammen. „Du hast dreiundvierzig Dollar in Scheinen und sieben Dollar und zweiundzwanzig Cent Kleingeld. Das macht fünfzig Dollar und zweiundzwanzig Cent. Zusammen mit meinen vierhundertundachtundneunzig Dollar haben wir fünfhundertachtundvierzig Dollar und zweiundzwanzig Cent!"

„Ist das genug?", fragte Laura.

„Weiß ich nicht", erwiderte Alison

ehrlich. Dann sah sie den besorgten Ausdruck auf dem Gesicht ihrer Schwester, und wieder wurde alles von dem angenehmen Gefühl überlagert, dass etwas Tolles geschehen würde. Sie legte ihre Arme um Laura und streichelte unbeholfen ihre Schulter. „Es wird bestimmt reichen", sagte sie, während sie sich umdrehte, um aus dem Fenster zu sehen. „Es muss einfach ..."

Wieder erschien am Strand das Fohlen vor ihren Augen. Sie konnte es im Spiegel des Fensters rennen sehen. Es trug den Kopf hoch, und sein Schweif wehte wie eine Fahne im Wind. Und direkt hinter ihm sah sie eine weißbraun gescheckte Stute, gefolgt von wilden Ponys in allen Größen und Farben. Es muss einfach reichen, dachte Alison. *Es muss einfach.*

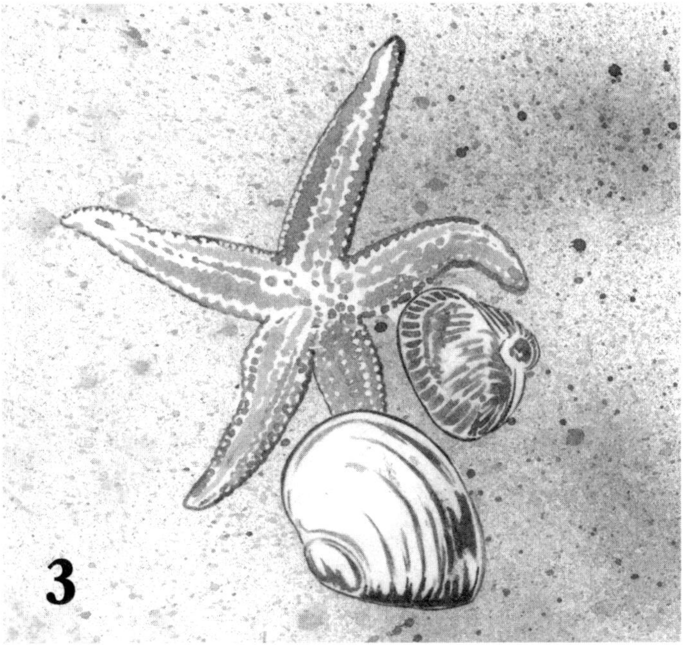

3

Alison hatte bereits drei Mückenstiche an den Beinen, noch ehe das Zelt aufgestellt war. Sie hatte einen an jedem Arm, als sie ihren Schlafsack aufrollte, und einen weiteren im Nacken, als Mam endlich das Fläschchen mit dem Mückenschutzmittel fand. Dann sprühten sie sich abwechselnd

mit dem durchdringend riechenden Spray ein. Auf Toms Campingplatz in der kleinen Bucht zu zelten war immer lustig, aber zu dieser Jahreszeit gab es Mückenschwärme. Das war weniger lustig.

Schon bald war das Zelt aufgestellt, die Sachen waren ausgepackt und die Familie war bereit, in das kleine Städtchen Chincoteague zu gehen.

Sie aßen in *Ettas Restaurant* zu Mittag, und die ganze Zeit starrte Alison durch das große Panoramafenster nach draußen und über die Bucht zur Insel Assateague. Sie sah den rotweißen Leuchtturm, der schläfrige Strahlen in den diesigen Tag hinaussandte, aber es waren die Ponys, nach denen sie Ausschau hielt, die Ponys, die wie wild durch ihre Gedanken liefen.

Wenn sie nur am Strand zu sehen wären!

Laura stieß ihre Schwester mit dem Ellbogen an. „Wohin starrst du?“

Alison erwachte aus ihrem Tagtraum. „Ich hab die Ponys gesucht“, antwortete sie.

„Du wirst keine entdecken“, sagte die Mutter. „Die Feuerwehrleute haben sie schon auf die andere Seite der Insel getrieben, damit sie bereit sind für das Schwimmen am Mittwoch."

Laura klopfte mit ihrer Gabel an den Tischrand. „Können wir sie anschauen gehen?", fragte sie.

Dad legte seine Hand auf Lauras Hand, und das Klopfen hörte auf. „Klar", sagte er. „Beeilt euch mit dem Essen, dann schauen wir sie heute an."

Eine halbe Stunde später waren sie auf Assateague. Alison lehnte am Zaun und schaute den Ponys zu, die in der Einzäunung waren. Die Eltern und Laura standen auf der anderen Seite und betrachteten den alten Hengst Broken Jaw. Er hatte einmal einen Kieferbruch gehabt, dadurch standen seine Zähne in einem seltsamen Winkel hervor. Dieses sonderbar aussehende Pferdemaul erregte stets die Aufmerksamkeit der Leute. Alison hatte den armen Broken Jaw schon oft gesehen, deshalb ging sie weiter. Sie brauchte Zeit, um sich die Fohlen anzusehen. Vielleicht würde sie ja genau das Richtige finden.

Es gab Schecken in allen Farbkombinationen: schwarz und weiß, braun und weiß, rot und weiß, goldfarben und weiß, falbfarben und weiß. Es gab auch einfarbige Ponys: Füchse, Braune, Weiße und Palominos. Und auch eine große graue Stute mit dunkler Mähne und dunklem Schweif war dabei. Sie erinnerte Alison an Keynote, ihr Lieblingspferd beim Therapeutischen Reitprogramm zu Hause. Alison und Laura hatten fast zwei Jahre freiwillig bei diesem Programm mitgeholfen. Alison hatte es nicht nur wegen der Pferde getan. Einem behinderten Kind zu helfen, das genauso wie sie war, abgesehen von seiner Behinderung, hatte ihr ein gutes Gefühl gegeben.

Alison beobachtete die Fohlen, die miteinander spielten. Sie rannten in Kreisen herum und verfolgten einander

wie Kinder, die spielen. Ein großes kastanienbraunes Fohlen kaute am Ohr einer schlafenden Stute. Die Stute warf ihren Kopf von einer Seite zur anderen, und das Fohlen sauste davon, um gleich darauf zurückzukehren und am anderen Ohr zu kauen. Bald öffnete die Stute ein Auge, gähnte und stand auf. Es war offensichtlich, dass ihr Schläfchen vorüber war. Als die Stute das Fohlen misstrauisch anschaute, schlich sich das Kleine zu einer anderen Stute und begann dort zu trinken.

Alison beobachtete das Fohlen. Es hatte dunkelbraunes Fell, dunkle Ohrenspitzen, ein schwarzes Maul und Beine, die an den Knien schwarz waren. Seine Mähne und der Schweif waren ebenfalls schwarz, kurz und dicht und schön gewellt. Seine Wimpern waren lang und dunkel. Es schloss die Augen und saugte bei seiner Mutter, ab und zu trat es mit einem seiner weiß gestiefelten Beine in die Luft, um eine Fliege zu verscheuchen. Es sah sehr sanft und friedlich aus.

„Niedlich, nicht?"

Alison sprang vor Schreck in die Höhe, als sie die tiefe Stimme ihres Vaters hörte. Sie hatte nicht bemerkt, dass er zu ihr gekommen war.

„Hm", antwortete sie langsam. „Sie sind alle so wunderschön."

„Schau mal, mein Schatz." Der Vater

zögerte, als ob er Probleme hätte mit dem, was er ihr sagen wollte. „Ich möchte nicht, dass du dir zu große Hoffnungen machst", sagte er. „Du wirst nur enttäuscht werden."

Alison runzelte die Stirn. „Was meinst du?"

„Ich glaube nicht, dass es dir gelingen wird, ein Fohlen zu kaufen, auch nicht mit den fünfhundert Dollar, die du gespart hast."

„Fünfhundertachtundvierzig Dollar und zweiundzwanzig Cent", verbesserte Alison.

„Ja, das ist eine ganze Menge Geld, aber es wird wohl nicht reichen."

„Vielleicht aber doch. Letztes Jahr wurden ein paar Fohlen für weniger als fünfhundert verkauft."

Der Vater hob die Schultern und schüttelte den Kopf. „Du hast dich so angestrengt, das Geld zu sparen", sagte er,

„aber du darfst nicht vergessen, dass das Jährlinge waren. Die sind nicht so teuer. Doch du kannst keinen Jährling haben", sagte er entschieden. „Wenn sie ein Jahr alt sind, sind sie schon zu wild fürs Training. Du würdest mit einem so kräftigen Pferd nicht fertig werden."

Alison kämpfte mit den Tränen, die in ihre Augen stiegen. „Okay", stimmte sie zu. Was Dad über die Jährlinge sagte, war richtig. Sie konnten gefährlich sein. Aber das bedeutete noch lange nicht, dass sie kein Fohlen bekommen würden. Alison wollte ihren Traum nicht aufgeben. „Vielleicht finden wir eins, das wir kaufen können", beharrte sie. „Ein junges."

Dad seufzte und strich ihr sanft über den Rücken. „Diese Fohlen sind erst zehn, zwölf oder vierzehn Wochen alt. Sie sind ungefährlich", sagte er. „Aber ich will nicht, dass du enttäuscht bist, wenn du noch ein Jahr warten musst."

Am Abend auf dem Feuerwehrfest gingen Alison und Laura die Hauptstraße entlang und aßen kandierte Äpfel. Laura hob eine graue Feder vom Boden auf und steckte sie sich ins Haar.

Alison lächelte. Ihre Schwester sammelte seit Jahren Federn. Auch auf dem Campingplatz hatte sie bereits wieder eine Plastiktüte mit zwei Federn.

Plötzlich rannte Laura los. „Sieh doch!“, schrie sie. „Die Pony-Tombola!“

Die Pony-Tombola! Alison fiel ein, dass der Frauenhilfsfonds jedes Jahr ein Fohlen verloste! Wie hatte sie das nur vergessen können?

Die Einzäunung mit dem Pony, das verlost werden sollte, war von Menschen umlagert. Alison schob sich zwischen ihnen hindurch, um neben ihre Schwester zu gelangen. Weiße Nüstern und zwei dunkle Augen leuchteten zu ihnen herüber. Das Fohlen war ein kleines

Stutfohlen, mit weißen Strümpfen und weißen Flecken auf dem dunkelbraunen Körper.

Das Fohlen war offensichtlich gesäubert worden, denn die Wildponys waren meistens mit Schmutz und Staub bedeckt. Das Kleine dort schien an Menschen gewöhnt zu sein und auch daran, dass es angefasst wurde. Es schob seine Nase zwischen den Stangen hindurch, um gekrault zu werden. Alison streichelte sanft seine Stirn. „Sie ist wunderschön“, sagte sie.

„Sollen wir es mit ihr versuchen?“, fragte Laura.

„Ich weiß nicht.“ Alison runzelte die Stirn, während sie überlegte. „Wahrscheinlich sollten wir unser Geld lieber aufheben.“

„Aber sie ist so süß!“ Laura fuhr mit

den Fingern durch die kurze flaumige Mähne.

„Das stimmt“, gab Alison zu.

Die Leute, die alle das Stutfohlen umstanden, gingen allmählich weg. Die Frau in der Losbude lächelte Alison zu. „Man kann nie wissen“, sagte sie. „Vielleicht bist du ja dieses Jahr die Gewinnerin!“

Die Eltern tauchten hinter ihnen auf, und Dad lachte leise. „Die beiden haben fünfhundert Dollar gespart“, erzählte er der Frau. „Sie glauben, dass sie auf der Versteigerung ein Fohlen dafür bekommen können. Aber ich fürchte, dass sie am Donnerstagmorgen furchtbar enttäuscht sein werden.“

„Auch wenn du kein Los kaufst“, sagte die Frau, „solltest du vielleicht Freitagabend hier sein, wenn der Gewinner gezogen wird.“

Alison schaute sie verwirrt an. „Warum?“

„Im letzten Jahr konnte die Gewinnerin das Fohlen nicht behalten und hat es jemandem aus der Menge sehr preiswert verkauft“, sagte die Frau mit einem Zwinkern.

Alison dachte, dass dies ein guter Ersatz wäre, nur für den Fall, dass sie bei der Versteigerung nach dem Ponytreiben kein Pony bekommen würden.

Die grünen Augen der Frau funkelten. Sie schob eine einzelne Locke ihres blonden Haars zurück. „Vielleicht solltest du etwas riskieren und ein Los für dieses hübsche Stutfohlen kaufen“, wiederholte sie. „Für alle Fälle. Fünf Lose kosten nur einen Dollar.“

Alison wühlte in ihrer Tasche.

„Findest du, wir sollten?“, fragte Laura begierig.

Ehe Alison antworten konnte, berührte Mam ihren Arm. „Ich kaufe euch ein paar Lose“, sagte sie. Sie öffnete ihre Geldbörse und lächelte die Mädchen an. „Für fünf Dollar", sagte sie zu der Frau in der Losbude.

Während Mam und Dad mit Laura zum Autoskooter und zum Spanischen Wirbel gingen, blieb Alison bei dem Fohlen und streichelte sanft seinen glatten Hals. Unsere Chancen steigen, dachte sie. Sie kniete sich hin und atmete tief ein, so dass ihr der warme Ponygeruch in die Nase stieg. Irgendwie, dachte sie, werden wir ein Fohlen bekommen. Irgendwie.

Das Riesenrad sprühte einen Wirbel bunter Lichter in den dunkler werdenden Himmel, als die vier das Volksfest verließen und zum Auto gingen. Ihr erster Tag auf der Insel war schön, und es war ein langer Tag.

Nur noch zwei Tage, dachte Alison, als sie zum Campingplatz fuhren. Dann war Donnerstag, der Tag der Versteigerung der wilden Ponys.

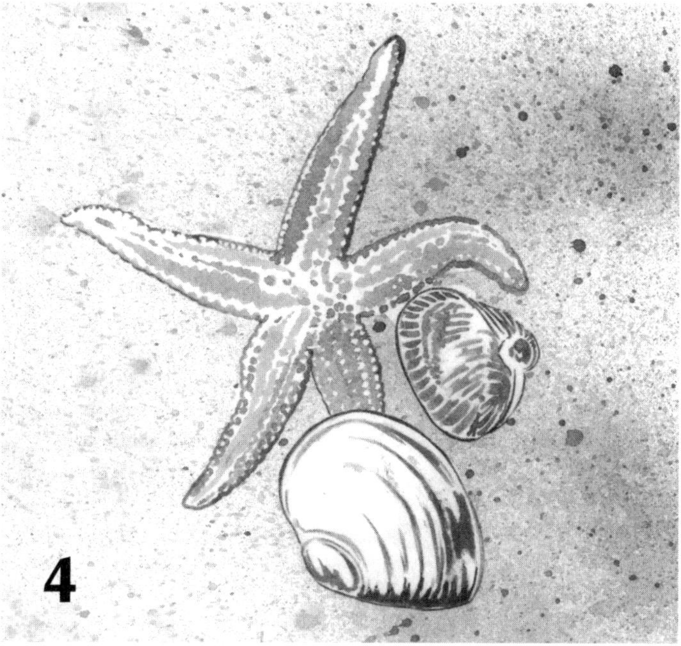

Am nächsten Tag gingen die Eltern mit Alison und Laura an den Strand von Assateague zum Schwimmen. Alison stand am Ufer, und die Wellen schwappten über ihre Zehen. Sie lächelte, als eine Möwe tief über ihr flog und schrill kreischte. Es war friedlich hier. Alison mochte Assateague.

Es war wie nach Hause kommen, wenn sie jedes Jahr hier waren. Alles auf Assateague roch so gut, die wilden Ponys, die Kiefern, die Myrte und der salzige Wind vom Meer. Wo auch immer man fuhr oder ging oder mit dem Fahrrad unterwegs war, fand man eine neue Tierwelt. Reiher stolzierten auf langen dünnen Beinen auf der Suche nach Futter durch die Sümpfe und Kanäle. Dann, mit einem schnellen Schnabelstoß, holte ein Reiher seine Fischmahlzeit aus dem blaugrünen Wasser. Es gab viele verschiedenartige Seevögel. Es war nicht verwunderlich, dass Laura so viele herrliche Federn auf Assateague fand. Hier lebten auch Schildkröten, Weißschwanzhirsche und Sikahirsche, und gelegentlich traf man sogar auf eine Schlange! Alison hatte Angst vor Schlangen, aber sie wusste, dass die meisten ihr nichts taten. Sie schlängelten sich nur ins Unterholz oder an ihr vorbei ins Wasser.

Alison legte die Hand über die Augen, um sie vor der Nachmittagssonne zu schützen, und beobachtete, wie eine Gruppe Delfine vorüberzog. Schon erhoben sich die Menschen am Strand: zuerst einer, dann noch einer und noch einer, bis alle dastanden, ihre Augen beschatteten und zuschauten.

„Sieh nur, Alison", quietschte Laura. Alison schaute, wohin ihre Schwester zeigte. Ein Mann auf einem Floß winkte den Leuten am Strand zu. Plötzlich hielt er überrascht inne, als zwei verspielte Delfine sein Floß umkreisten, in die Luft sprangen und ins Meer tauchten, bevor sie sich wieder an der Oberfläche zeigten.

Zusammen mit Laura beobachtete Alison die Delfine, die an der Küste entlang davonschwammen und schließlich nicht mehr zu sehen waren.

„Wow!", seufzte Laura. Dann rannte sie

zu ihrem Handtuch und ließ sich darauf fallen, aber Alison blieb stehen und beobachtete die ungestümen Wellen des schrien, und von Dad, der leise schnarchend in seinem Liegestuhl schlief.

Alison schaute hinaus aufs Meer. In Gedanken konnte sie den Kapitän rufen hören, der den Matrosen befahl, an Deck zu kommen. Sie hörte auch die verzweifelten Schreie der Ponys und das Krachen von Holz, als sie aus ihren Verschlägen auf Deck ausbrachen. Dann, als das Schiff unterging, stellte sich Alison die Ponys vor, wie sie ans Ufer schwammen, mit hoch erhobenen Köpfen im schäumenden Meer, und der Regen prasselte auf sie nieder, während sie verzweifelt aufs Land zuschwammen. Bestimmt haben sie das Ufer völlig erschöpft erreicht, überlegte Alison, und sie sah eine Herde sehr müder Ponys vor sich, durchnässte Schecken und Braune, Füchse und Palominos. Erschöpft, dachte sie mitleidig, aber am Leben.

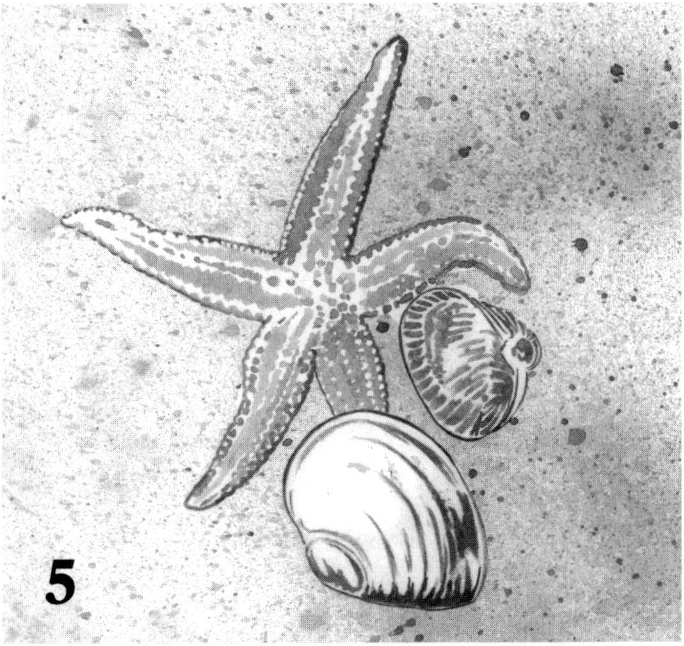

5

Am Mittwoch wachte Alison auf, weil jemand sie am Arm rüttelte. „Komm schon, Alison“, rief Laura. „Wir kriegen keinen guten Platz, um das Schwimmen anzuschauen, wenn du nicht aufstehst!“

Das Schwimmen! Wie konnte sie heute nur verschlafen? Alison sah auf den kleinen Wecker, dessen Ziffern im Dämmerlicht des Zeltes leuchteten. „Es ist halb fünf in der Früh, du Trottel“, sagte sie genervt. „Die Ponys schwimmen nicht vor acht Uhr los!“

„O Alison“, jammerte Laura. „Steh auf! Ich kann nicht mehr schlafen und mag nicht allein wach sein.“

Alison stöhnte, sie drehte sich um und legte sich ein Kissen auf den Kopf. Auf der anderen Seite des Zeltes lagen die Eltern ruhig in ihren Schlafsäcken.

„Alison!“ Ein Kissen traf sie am Kopf. „Steh auf!“

„He, du! Irgendwann einmal werd ich's dir heimzahlen“, stöhnte Alison. „Wenn du einmal todmüde bist, werde ich dich wecken!“ Alison setzte sich auf und rieb sich den Schlaf aus den Augen. „Oh, Mann! Es ist noch nicht mal hell!“

„Aber fast ...“

Alison rollte sich aus ihrem Schlafsack

und kroch aus dem Zelt. Die blassen Strahlen des ersten Morgenlichts fielen über den Zeltplatz und warfen goldene Schatten. Viele der Zelte waren noch dunkel und ruhig, aber einige Familien waren bereits auf den Beinen. Die Leute bereiteten Frühstück auf Propangaskochern, versammelten sich um die Picknicktische, um Müsli zu essen, oder sie gingen am Strand spazieren und schauten über die Bucht hinüber nach Assateague.

„Komm schon", sagte Alison. Sie ergriff Lauras Hand und zog sie von der Picknickbank hoch. „Nachdem du mich nun mal geweckt hast, wollen wir am Strand entlanglaufen und schauen, ob wir auf Assateague jemanden sehen können, der sich für das Ponyschwimmen fertig macht."

Durch den Nebel, der über dem Wasser schwebte, sahen die Mädchen eine Bewegung. Es waren die Feuerwehrleute zu

Pferde, die eine Herde sich schiebender und drängender Ponys über die Grasfläche auf die Bucht zutrieben.

Als die Familie zu *Ettas Restaurant* aufbrach, um dort zu frühstücken, war es halb sieben. Während der Mahlzeit informierte ein Radiosender die Gäste über den Fortgang des Schwimmens.

„Die Ponys warten am Rand des Wassers zusammen mit einer kleinen Gruppe Feuerwehrmänner zu Pferde“, sagte der Sprecher. „Man nennt sie Salzwassercowboys. Einmal im Jahr hängen sie ihre Feuerwehrhelme und Gummimäntel an den Nagel und rüsten sich mit Stetsonhüten und Cowboystiefeln aus.“

Alison hörte aufmerksam zu.

Der Sprecher machte eine Pause. „Der Nebel wird von der Sonne langsam weggebrannt“, sagte er mit dramatischer Stimme. „Im letzten Bericht haben wir erfahren, dass um 7 Uhr 55 Ebbe ist. Dann wird etwas Wichtiges passieren, denn dann schwimmen die Ponys los. Bleiben Sie dran", empfahl er seinen Zuhörern. „Wir werden Sie auf dem Laufenden halten und senden live aus *Ettas Restaurant*, wo wir eine gute Sicht über die Bucht und auf die Ponys haben."

Nach dem Frühstück fuhr Dad zum Memorial Park. Die Familie ging durch hohes Gras und zwischen Kiefern hinunter zum Ufer, um den besten Platz mit guter Sicht zu suchen. Auf dem Weg fand Laura die blau schillernde, schwarz-weiß gestreifte Feder eines Eichelhähers. Sie steckte sie ins Knopfloch ihrer Jacke.

Eine große Menge Menschen hatte sich bereits zusammengefunden. Einige standen bis zu den Knien im Wasser der Bucht. Andere waren auf Bäume geklettert

und saßen auf Ästen, um besser sehen zu können. Ein Radioreporter mit einem Lautsprecher informierte die Menge darüber, was geschah.

„Ebbe wird gegen 7 Uhr 55 sein", dröhnte eine tiefe Stimme.

Alison wusste, dass die Ponys nicht losschwimmen würden, bevor die Ebbe einsetzte, dann, wenn das Wasser am niedrigsten stand. Dann herrschte auch der geringste Wellengang.

Ein Junge ging durch die Menge und verkaufte Lose.

„Kauft ein Los für die Königin des Meeres oder für Neptun", sagte der junge Mann zu Alison und Laura. „Das erste Fohlen, das an Land geht, wird Königin des Meeres oder König Neptun getauft. Es wird auf dem Jahrmarktsgelände verlost, sobald die Herden in der Einzäunung sind."

Dad zog seine Geldbörse aus der hinteren Hosentasche. „Ich nehme zwei", sagte er und reichte dem Jungen zwei Ein-Dollar-Noten.

Alison ergriff Lauras Hand. „Noch eine Chance, ein Fohlen zu gewinnen“, sagte sie, und beide lachten.

Gleich darauf watete Alison hinaus in die Bucht. Laura platschte hinter ihr her und tastete mit den Zehen nach Muscheln, die sie aufhob und in ihre Taschen steckte, während sie tiefer ins Wasser ging.

„Glaubst du, dass es ihnen gut geht?“, wollte Laura wissen. „Oder haben sie Angst?“

Auf der anderen Seite der Bucht standen die Ponys in einer großen Herde zusammen. Salzwassercowboys auf großen Pferden ritten um sie herum und hielten die Herde zusammen, die bereit für das Schwimmen war.

„Klar geht’s ihnen gut“, antwortete Alison. Als sie die Besorgnis auf dem

Gesicht ihrer Schwester sah, legte sie Laura eine Hand auf die Schulter. „Sie kennen das. Und sie machen das immer gut."

Die Schwimmstrecke war ungefähr eine Viertelmeile lang. Die schwächsten und ältesten Ponys, die trächtigen Stuten und die kleinsten Fohlen waren bereits mit einem Lastkahn hinüber auf das Jahrmarktsgelände gebracht worden. Nur die stärksten, gesündesten Ponys würden schwimmen. Alison machte sich keine Sorgen. Seit mehr als siebzig Jahren trieben die Feuerwehrleute die Ponys zusammen und ließen sie über die Bucht schwimmen, und es hatte nur selten Probleme gegeben.

„Du weißt doch, dass wir sie schon ganz allein in freier Wildbahn auf Assateague schwimmen gesehen haben", sagte sie zu Laura. „Und weißt du noch, wie weit sie draußen in der Brandung gewesen sind?“ Alison spürte, wie Laura sich entspannte.

„Ja! Ich weiß es noch. Der Parkwächter hat uns erzählt, dass sie hinausschwimmen, um die Stechmücken loszuwerden!“

„Ebbe!“, rief der Radiosprecher jetzt dröhnend, und Alison machte vor Schreck einen Satz. Sie schaute auf ihre Uhr. Es war 7 Uhr 54. „Die Ponys werden gleich ins Wasser gehen! Das siebzigste alljährliche Ponyschwimmen hat begonnen!“, fuhr der Sprecher fort.

Alison drehte sich nach ihren Eltern um. Aber sie sah nur noch ein Meer von wogenden Gesichtern.

Laura griff nach Alisons Hand. „Ich kann nichts sehen“, beschwerte sie sich.

„Jetzt sind sie im Wasser“, dröhnte der Sprecher. „Bis zu den Knien, jetzt bis zum Hals, und jetzt schwimmen sie. Bitte halten Sie sich von den gelben Seilen fern“, wies der Sprecher die Menge an.

Andrea Pabel

Wolkenmähne sucht Freunde

Ponyhof Kleines Hufeisen,

Band 1

Auf den Ponyhof Kleines Hufeisen kommt ein neues Pferd: die Islandstute Wolkenmähne. Für Sabine ist es Liebe auf den ersten Blick – aber Wolkenmähne gehört einer anderen jungen Reiterin ...

128 Seiten, DM 11,95/öS 87,-

Andrea Pabel

Wo ist Florentine?

Ponyhof Kleines Hufeisen,

Band 3

Die Pferde sind von der Koppel verschwunden! Wurden sie gestohlen und heimlich fortgebracht? Bald finden die Ponyhof-Freunde eine heiße Spur. Nur die Fuchsstute Florentine bleibt verschwunden ...

128 Seiten, DM 11,95/öS 87,-

Ponyhof Kleines Hufeisen

Die Serie umfasst 12 Bände.

Andrea Pabel

Max braucht ein Zuhause

Ponyhof Kleines Hufeisen,

Band 2

Im Pferdestall der alten Mühle finden Sabine und ihre Freunde ein einsames Shetlandpony.
Der kleine Schecke Max ist total vernachlässigt. Wird es den Freunden vom Ponyhof gelingen, Max zu retten?

128 Seiten, DM 11,95/öS 87,-

Andrea Pabel

Der neue Reitlehrer

Ponyhof Kleines Hufeisen,

Band 12

Die Reiterkinder vom Ponyhof Kleines Hufeisen sind auf ihren neuen Reitlehrer gespannt. Niemand ahnt, wer das sein wird. Als der junge Mann erscheint, erlebt Sabine die Überraschung ihres Lebens!

128 Seiten, DM 11,95/öS 87,-

Ursula Isbel

Das schönste Pferd der Welt

Nelly, *Band 1*

Auf dem Schwarzwaldhof „Zum Rössle" ist immer etwas los! Dafür sorgen Nelly und ihre Geschwister zusammen mit den Tieren des Hofes. Und dann scheint Nellys größter Wunsch in Erfüllung zu gehen!

128 Seiten, DM 12,95/öS 95,-

Ursula Isbel

Gefahr im Bärental

Nelly, *Band 8*

Unheimliche Dinge geschehen nachts im Bärental. Niemand glaubt den Kindern des Rösslehofes, dass dort Unheil lauert. Erst als der Freund der Kinder, Hofhund August, in Gefahr gerät, weiß Nelly: Sofort muss etwas geschehen!

128 Seiten, DM 12,95/öS 95,-

Ursula Isbel

Alle lieben Sammy

Nelly, *Band 7*

Das übermütige Fohlen Sammy wächst heran und strotzt nur so vor Lebensfreude. Doch auf dem Rösslehof leben schon so viele Pferde. Werden Nellys Eltern das Fohlen behalten können? Was wird aus Sammy, dem Lieblingspferd der Geschwister?

128 Seiten, DM 12,95/öS 95,-

Nelly

Die Serie umfasst 9 Bände.

Ursula Isbel

Das einsame Pony

Nelly, *Band 9*

Seit Tagen beobachten Nelly und ihre Freunde ein weißbraunes kleines Scheckpony, das mutterseelenallein auf einer Weide in der Nähe ihres Schwarzwaldhofes steht. Niemand scheint sich um das einsame Tier zu kümmern – wo ist der Besitzer?

128 Seiten, DM 12,95/öS 95,-

Lois Szymanski
Kleiner schwarzer Prinz
Geliebte Ponys
Niki träumt von der silberweißen Ponystute Windsbraut. Sie ist zu verkaufen. Doch auf der Pferdeschau sieht sie den scheuen Brommi, den niemand haben will. Wie wird sich Niki entscheiden?
128 Seiten, DM 12,95/öS 95,-

Geliebte Ponys

Lois Szymanski
Flocke und Schneeball
Geliebte Ponys
Mitten im Eisbach finden Matt und Holly eine Ponystute. Sie retten das Wildpferd aus Eis und Schnee und nennen es Flocke. Aber dann geschieht etwas Unerwartetes – und nu müssen Matt und Holly die schwerste Entscheidung ihres Lebens treffen.
128 Seiten, DM 12,95/öS 95,

Lois Szymanski
Die beste Ponymutter
Geliebte Ponys
Die Wildponystute Stormy bekommt ein braunweiß geschecktes Fohlen, und das Mädchen Tiffany ist glücklich über das neue kleine Pferd. Doch dann kommt der Schock: Stormy nimmt ihr Fohlen nicht an!
128 Seiten, DM 12,95/öS 95,-

Lois Szymanski
Das Pony in den Welle
Geliebte Ponys
Als die Ponyherde ins Wasser getrieben wird, zuckt Alison zusammen. Da ist es wieder, mitten in den Wellen, das bra ne Pony, das sie schon kennt. Alison ist fest entschlossen: dieses Pony muss sie haben! Aber auch ein Tourist will die Pony mitnehmen ...
128 Seiten, DM 12,95/öS 95,

ina Caspari
ferde für den
oggenhof
ana & Janusch, Band 1
eues Leben erfüllt das schöne
lte Haus auf der Ostseeinsel
ügen. Und als die Pferde auf
en Hof kommen, hält es Jana
aum noch aus vor Spannung.
st ihr Lieblingspferd unter den
euankömmlingen?
28 Seiten, DM 12,95/öS 95,-

Tina Caspari
Galopp am Meer
Jana & Janusch, Band 2
Jana plant ihren ersten Ausritt mit dem geliebten Rappen Janusch. Der polnische Vollblüter ist ihr ans Herz gewachsen. Und dann preschen sie durch die Brandung über den weiten Strand!
128 Seiten, DM 12,95/öS 95,-

Spannende Geschichten mit Pferden

na Caspari
wei neue Ponys
na & Janusch, Band 7
ach dem schweren Unfall
nes Pferdetransporters sind
vei Ponys verschwunden. Für
na und ihre Freunde vom
oggenhof ist klar: Da brau-
en zwei Tiere dringend Hilfe!
fort machen sich die Freunde
f den Weg.
8 Seiten, DM 12,95/öS 95,-

Tina Caspari
Reiterspiele im Sommer
Jana & Janusch, Band 8
Der Höhepunkt der Sommerferien auf dem Roggenhof der Insel Rügen sind aufregende Reiterspiele. Aber die Konkurrenz schläft nicht. Wird es Jana schaffen, mit ihrem Lieblingspferd teilzunehmen?
128 Seiten, DM 12,95/öS 95,-

Walter Farley
Blitz, der schwarze Hengst
***Blitz,** Band 1*
Der junge Amerikaner Alec erlebt in einem arabischen Hafen, wie ein bildschöner schwarzer Hengst an Bord gebracht wird. Eine besondere Freundschaft entsteht zwischen Alec und dem edlen Araberhengst ...
224 Seiten, DM 14,80/öS 108,-

Blitz, der schwarze Hengst

Steven Farley
Blitz und Schwarzer Sturm
***Blitz,** Band 15*
Blitz bekommt einen Rivalen Einer seiner Söhne, der jung Hengst Schwarzer Sturm, entwickelt sich zu einem der schnellsten Galopper des amerikanischen Rennsports.
192 Seiten, DM 14,80/öS 10

Steven Farley
Das große Versprechen
Blitz und seine Freunde,
Band 1
Danielle Conners wächst mit Pferden auf, und ihren schönen Fuchs Redman liebt sie über alles. Eine Trennung von ihrem Pferd scheint undenkbar. Aber dann wollen die Eltern die Farm in Florida verkaufen und wegziehen, da wird auch für Redman kein Platz mehr sein. Dany ist verzweifelt!
160 Seiten, DM 14,95/öS 109,-

Steven Farley
Entscheidung für Dan
Blitz und seine Freunde,
Band 2
Danys geliebtes Pferd Redm wird verkauft! Er soll schon bald in ein Reitlager im Nor der USA gebracht werden. D wird Dany ihn nie wieder se Aber sie weiß: das wird sie nicht hinnehmen. Heimlich macht sie sich nachts und b strömendem Regen auf, um Redman zurückzuholen.
160 Seiten, DM 14,95/öS 1(

/eronica Wägner

)as Pony Friolina

'est im Sattel

Jiemand will die Ponystute 'riolina haben. Nur Carin liebt las kleine Pferd. Sie glaubt laran, dass aus Friolina ein vunderbares Reitpony wird.)ass Friolina aber noch viel nehr kann, das hätte sich Carin icht träumen lassen!

:42 Seiten, DM 12,80/öS 93,-

Veronica Wägner

Wir halten zusammen

Fest im Sattel

Carin und ihre beste Freundin Nina reden seit dem Springturnier nicht mehr miteinander. Nach einer nächtlichen Suchaktion im Wald aber ist Carin klar: Ohne ihr Pony wäre das Leben nicht auszuhalten! Ein Glück, dass es Friolina gibt!

140 Seiten, DM 12,80/öS 93,-

'est im Sattel

Die Reihe umfasst 7 Bände.

/arie-Louise Wallin

.ovisa reitet ins Ziel

'est im Sattel

eit die Mutter die Familie verassen hat, findet sich Lovisa icht mehr zurecht. Ihre Welt at sich verändert. Wäre da icht ihr kleines braunes Pferd lsa, das sie braucht, würde ovisa abhauen, das ist sicher. och dann kommt das Mädchen nn auf den Hof. Könnte sie ovisas Freundin werden!

40 Seiten, DM 12,80/öS 93,-

Christine Pullein-Thompson

Ein Pony braucht Hilfe

Fest im Sattel

Ganz allein steht das silbergraue Pony auf der Weide, kaum zu erkennen im eisigen Schneesturm. Robert und Sarah nennen das Pony Schneemann, sie bringen es in einen trockenen Stall und pflegen es gesund. Dass Schneemann ein bekanntes Turnierpony ist, hätte niemand gedacht.

124 Seiten, DM 12,80/öS 93,-

Tina Caspari

Die letzte Hürde

Bille & Zottel, *Band 18*

Zottel ist verschwunden! Die Box des Ponys ist leer. Bille weiß sofort: das ist keiner der berühmten Streiche des pfiffigen Ponys. Zottels Verschwinden hat einen anderen Grund ...

128 Seiten, DM 11,95/öS 87,

Tina Caspari

Pferdeliebe auf den ersten Blick

Bille & Zottel, *Band 1*

Bille liebt Pferde über alles. Für ihre Lieblinge ist ihr kein Opfer zu groß. Als der stämmige kleine Zottel ihr Pflegepony wird, ist Bille das glücklichste Mädchen der Welt!

128 Seiten, DM 11,95/öS 87,-

Bille & Zottel

Die Serie umfasst 19 Bände

Tina Caspari

Zwei unzertrennliche Freunde

Bille & Zottel, *Band 2*

Ihren vierbeinigen Freund Zottel liebt Bille über alles. Zottel ist nicht nur das freundlichste und gutmütigste, sondern auch das klügste Pony der Welt. Bille wünscht sich nichts sehnlicher, als Zottel zu besitzen.

128 Seiten, DM 11,95/öS 87,-

Tina Caspari

Ein Pony mit Herz

Bille & Zottel, *Band 19*

Auf der Nachbarweide entdeckt Zottel die kleine Schec stute Panja. Sie ist so wie er übermütig und verfressen, schlau und unternehmungslustig und fast so einfallsrei wie Zottel. Bald sind die beiden Ponys dicke Freunde. Und schon stecken sie mitte in den schönsten Abenteuer

128 Seiten, DM 11,95/öS 87

Wendy

'ans G. Franciskowsky

)as Paradies der Reiter

/endy, Band 1

/endy liebt alle Pferde auf em elterlichen Reiterhof ·indenhöhe. Besonders ber liebt sie ihre gecheckte Pintostute Miss ixie. Zusammen mit ihrem 'ferd erlebt sie immer neue benteuer.

28 Seiten, DM 12,95/öS 95,-

Hans G. Franciskowsky

Ein Fohlen für Rodna

Wendy, Band 2

Die Haflingerstute Rodna ist eines der beliebtesten Pferde auf dem Reiterhof Lindenhöhe. Die Geburt von Rodnas Fohlen wird jedoch von unheimlichen Ereignissen überschattet. Wendy und Bianca tun alles, um der Stute und ihrem Fohlen zu helfen.

128 Seiten, DM 12,95/öS 95,-

ans G. Franciskowsky

'askia gibt nicht auf

'endy, Band 11

ıskia ist verzweifelt. Ihr ɔhlen Tide ist verschwunden. nd alle Ermittlungen der ɔlizei bleiben erfolglos. Doch ıskia gibt nicht auf. Sie ist ·st entschlossen, ihr Fohlen zu nden. Dabei macht Saskia 'ne überraschende ıtdeckung!

?8 Seiten, DM 12,95/öS 95,-

Hans G. Franciskowsky

Oliver kommt zurück

Wendy, Band 12

Wendy und Bianca freuen sich auf Olivers Rückkehr, der als Austauschschüler in Amerika war. Nach der stürmischen Begrüßung aber sehen die Mädchen: Oliver hat nur Augen für sein Pferd Navarro. Der schöne Rappe ist seltsam verändert ...

128 Seiten, DM 12,95/öS 95,-

Dagmar Hoßfeld
Pferdemädchen Mia
Reiterhof Erlengrund, *Band 1*

Der silbergraue Lusitano Tam ist das schönste Pferd auf Erlengrund. Mia reitet und versorgt Tam voller Hingabe. Doch dabei vergisst sie, dass Tam nicht ihr gehört. Als Tams Besitzer wegzieht und Tam mitnimmt, bricht für Mia eine Welt zusammen ...

144 Seiten, DM 14,95/öS 109,-

Dagmar Hoßfeld
Zwei Pferde verschwind
Reiterhof Erlengrund, *Band 5*

Die beiden hübschen, von aller Reitern geliebten Islandpferde sind von der Weide verschwund Alle sind zutiefst geschockt. De jeder Reiter weiß, was Pferdediebstahl bedeuten kann Leid und Schmerzen für die Tie und ihr sicheres Ende auf eine der Schlachtpferdetransporte n Südeuropa. Eine fieberhafte Suche beginnt!

144 Seiten, DM 14,95/öS 109,-

Zwei spannende Reiterhof-Serien

Birgit van Damsen
Ein neuer Anfang
Reiterhof Falkenstein,
Band 1

Die 15-jährige Klara hat nicht die geringste Lust, aufs Land zu ziehen – auch nicht auf den Pferdehof Falkenstein. Erst als sie den braunen Araberhengst Korashan sieht und als Pflegepferd übernimmt, verändert sich alles ...

160 Seiten, DM 16,95/öS 124,-

Birgit von Damsen
Fohlen im Frühlingswind
Pferdehof Falkenstein, *B*

Im Frühling werden auf Falkenstein die Fohlen ge Doch bei aller Freude übe Pferdekinder gibt es nicht ungetrübtes Fohlenglück. das goldfarbene Araberfo Shirka von seiner Mutter r angenommen wird, ist Kl Hilfe gefordert.

160 Seiten, DM 16,95/öS

Susanne Kronenberg

Fünf Ponys für Lia

Reiterhof Rote Mühle, *Band 1*

Mit brennenden Augen starrt Lara zur Pferdekoppel hinüber. Da steht das fremde Mädchen, Lia, und tut so, als gehörten die fünf Ponys der Roten Mühle ihr. Aber so leicht gibt Lara nicht auf. Nicht, wenn es um die Ponys geht. Und außerdem – wer ist überhaupt diese Lia?

144 Seiten, DM 14,95/öS 109,-

Susanne Kronenberg

Auf Lara ist Verlass

Reiterhof Rote Mühle, *Band 2*

Lia und Lara sind Freundinnen geworden. Gemeinsam reiten und versorgen sie die Ponys und Pferde des Reiterhofes Rote Mühle. Doch da ist auch noch der blonde junge Reiter Moritz. Und er sagt nicht, was er will. Lia und Lara sind genervt.

144 Seiten, DM 14,95/öS 109,-

rsula Isbel

Das Haus der Stimmen

omantik-Thriller

er Sturm heult ums Haus. Ich chaue aus dem Fenster und ehe in der Ferne das graue leer. Und dann spüre ich es eutlich: jemand beobachtet nich. Ich weiß, dass kein lensch da ist, auch der Hund nd die Katze sind nicht bei nir. Panik steigt in mir auf. Ich uss fliehen. Sonst wird das aus mich vernichten ...

60 Seiten, DM 14,95/öS 109,-

Chris Platt

Willow King

Der Weg eines Champions

Das goldbraune Fohlen Willow King ist der Sohn eines international erfolgreichen, berühmten Galoppers. Aber das junge Pferd ist behindert geboren, seine Vorderbeine sind verbogen – das Todesurteil für ein künftiges Rennpferd. Der Rennstallbesitzer entscheidet: Willow King wird eingeschläfert. Katie kämpft verzweifelt um das Leben des Fohlens.

192 Seiten, DM 16,95/öS 124,-

Edel Marzinek-Späth

Das große Pferde-Lexikon A-Z

Ein reich bebildertes Lexikon für alle, die mehr über Pferde wissen möchten!

- *Über 1200 Begriffe*
- *Mehr als 120 Pferderassen*
- *Über 200 Farbillustrationen und -fotos*

256 Seiten, 19,5 x 25,7 cm
DM 34,80/öS 254,-

Wendy – Biancas Traum

***TV-Wendy,** Band 9*

Bianca denkt nicht an Siegespreise im großen Turnier. Nicht einmal das tollste Springen reizt sie. Sie hat auch keine Lust zu hartem Training mit ihrem geliebten Pferd Prinz. Bianca hat einen ganz anderen Traum!
128 Seiten, 15 x 22 cm,
DM 14,95/öS 109,-

Wendy – Die große Überraschung

***TV-Wendy,** Band 8*

Wendy kann's nicht glauben – eine Unbekannte erhebt Anspruch auf Miss Dixie, Wendys schöne Pintostute. Eins ist klar: freiwillig wird sie Miss Dixie niemals hergeben. Aber dann erlebt Wendy eine Überraschung der besonderen Art!
128 Seiten, 15 x 22 cm,
DM 14,95/öS 109,-

„Bleiben Sie von den gelben Seilen weg! Der Platz muss frei bleiben! Da werden die Ponys an Land gehen!“

Alison stellte sich auf die Zehenspitzen, aber sie konnte die Ponys nicht mehr sehen. Es waren zu viele Köpfe, zu viele Menschen vor ihr. Sie nahm Laura bei der Hand und zog ihre Schwester aus dem Wasser hinauf an den Sandstrand. Sie sah Mam und Dad auf dem Grasstreifen stehen. Die Mutter hob die Hand und winkte. Alison winkte auch, dann zog sie Laura mit sich zu einer hohen Kiefer, die direkt am Strand wuchs. Es dauerte nicht lange, Laura in den Baum hinaufzuschieben. Dann kletterte Alison hinterher, und beide setzten sich auf gegenüberliegende Äste.

Jetzt endlich konnten sie etwas sehen, und gerade noch rechtzeitig, denn die Ponys näherten sich bereits dem Ufer. Beim Schwimmen bildeten sie eine Art großes Dreieck, das Alison an einen Schwarm Gänse am Himmel erinnerte. Nur die Köpfe und Hälse ragten aus dem Wasser, die Ponys schienen ruhig durch das fast unbewegte Wasser zu gleiten, und kleine Wellen entstanden um sie herum und breiteten sich aus.

„Bleibt weg von den gelben Seilen, Leute! Bitte bleibt zurück“, erinnerte der Sprecher die Menge. „Wildponys können treten und beißen. Lasst einen Weg frei!“

Der erste Feuerwehrmann ritt an Land. Er fuhr sich mit einer Hand über die Stirn und wich zurück, um Platz zu machen für die Herde. Seine Hosenbeine waren nass, und der Körper seines Pferdes war dunkel von Wasserflecken. Als sein Pferd sich das Wasser aus dem Fell schüttelte, lachte der Mann. Kinder kamen näher und versuchten, sein Pferd zu streicheln. Alison beobachtete, wie die Herde näher kam.

Dann kletterte eine kleine Scheckstute an Land, ihre Mähne und der Schweif hingen in nassen Strähnen herunter. Ihr folgten eine kräftige braune Stute und ein kleines schwarzweißes Fohlen. Das Fohlen war pitschnass und schaute verwirrt um sich, aber es hob die Beine hoch empor und lief tänzelnd und zur Seite ausbrechend hinüber zu seiner Mutter, der braunen Stute. Eng schmiegte es sich an ihre Seite.

„Schau“, sagte Laura leise. „Das könnte Neptun sein!“

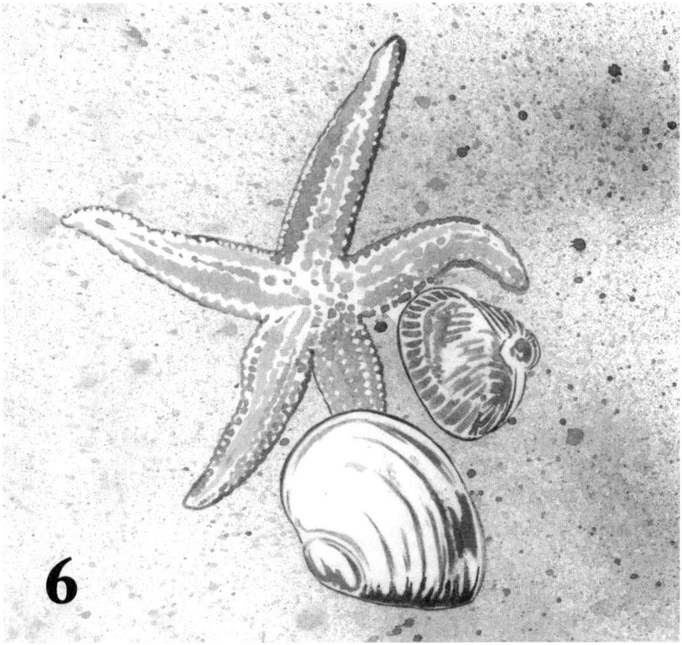

6

Während sich die Ponys ausruhten, ging Alison mit ihrer Familie zum Wagen. Sie schlossen sich der Autoschlange an, die zum Jahrmarktsgelände fuhr. Nachdem sie den Wagen abgestellt hatten, warteten sie an der Hauptstraße auf die Ponys, die hier vorbei in die großen Einzäunungen getrieben wurden. Es war wie ein Umzug, mit Scharen von Menschen, die sich zu Fuß, mit Autos und auf Fahrrädern bewegten. Jeder wollte zum Jahrmarktsgelände, um dort auf die Ankunft der Ponys zu warten. Überall gab es Buden, in denen Kinder Limonade, Cola und Mineralwasser verkauften, andere hielten Schilder in die Höhe, auf denen ein Parkplatz für nur drei Dollar angeboten wurde.

Alison legte sich in einen Liegestuhl und wartete mit den anderen in der Nähe des Eingangs zum Chincoteague-Jahrmarkt. Sie hörte Jubel von den Leuten, die die Straße säumten. Die Ponys müssen bald hier sein, dachte sie. Auf der anderen Straßenseite sah sie eine Frau, die sich nach einer zarten grauen Feder bückte. Sie steckte sie sich seitlich an den Hut. Alison lächelte und dachte an Laura, während sie die Frau beobachtete, die sich mit der

Hand durch ihr feines blondes Haar fuhr.

Dann hörte sie das Trappeln von Hufen, und das erste Pony trabte um die Ecke. Gelenkt von den Salzwassercowboys bogen die Ponys in einen Weg ein, der zu den Einzäunungen auf der Rückseite des Jahrmarktsgeländes führte. Als die Ponys die Straße verließen, wirbelte Staub in großen braunen Wolken auf.

„Sieh nur, Alison!“, schrie Laura. „Schau dir das da an ... und das dort drüben ... und das ganz kleine da!“ Lauras Finger stieß in die Luft und zeigte zuerst auf ein Pony, dann auf ein anderes und wieder auf eins. Ihr Gesicht war vor Aufregung feuerrot.

Als das letzte Pony vorüber war, folgten sie der Menschenmenge über den Jahrmarktsplatz. Sie gingen unter den hohen, schattigen Kiefern hinüber zu der Einzäunung, in der die Ponys bis zum Freitag bleiben sollten. Am Tag nach der Versteigerung würden die Feuerwehrleute die Ponys, die nicht verkauft worden waren, zurück zu ihrer Insel bringen.

Die Menge hatte sich rund um das Podium auf dem Jahrmarktsgelände geschart. Ein Feuerwehrmann mit dunklen Locken sprach durch ein Mikrofon, um die Leute zum Loskauf zu verführen. „König Neptun ist dieses Jahr sehr auffällig“, rief er. „Lassen Sie sich die letzte Chance, ein Los zu kaufen, nicht entgehen! Dieses Pony könnte Ihnen gehören, noch ehe morgen früh der Verkauf beginnt!“

Alison zog ihren Vater am Arm. „Kauf noch ein Los, Dad! Bitte!“

„Nein, Alison. Man braucht nur ein Los, um zu gewinnen, und ich habe zwei gekauft. Das reicht!“

Alisons Herz schlug heftig, als sie mehrere junge Leute beobachtete, die durch die Menge gingen und Lose verkauften. Das Pony war eine wirkliche Schönheit. Wenn sie es nur gewinnen würden! Dann könnten sie das gesparte Geld dafür verwenden, ein Halfter zu kaufen und ein Führseil und Futter und ... Die Gedanken rasten durch ihren Kopf.

„Um ein Uhr ziehen wir das Gewinnerlos“, erklärte der Mann mit dem Mikrofon. „Sie müssen anwesend sein, um zu gewinnen“, rief er, „also seien Sie rechtzeitig wieder zurück, wenn Sie ein Los gekauft haben!“

Alison schaute auf die Uhr. Es war fast Mittag. Der Morgen war so schnell vergangen.

„Ich hab Hunger“, erklärte Laura, und Mam nickte zustimmend. „Ich bin auch hungrig“, sagte sie und deutete auf die Schlange vor den Essensständen. Auch vor den Karussells bildeten sich Schlangen.

„Ich möchte Krabbenbrot haben", sagte Laura und rieb sich den Bauch, „und Pommes frites und dann noch Zuckerwatte."

„He, du bist ja ein richtiger Vielfraß!", lachte der Vater. „Wir fangen mal mit Krabbenbrot und Pommes frites an. Den Rest heben wir uns für später auf."

Alison blieb zurück, als die anderen gingen, um sich anzustellen. Ihr Blick wanderte zu den Einzäunungen. Jeder Hengst gab auf seine Herde Acht und umrundete sie aufmerksam. Die Stuten dösten im Stehen, während sich die Fohlen unter ihnen und neben ihnen zum Schlafen hingelegt hatten. Alison blickte von einem Fohlen zum anderen. Sie fragte sich, wie Laura nur ans Essen denken konnte, wenn sie so kurz davor standen, ein Pony zu bekommen.

Nachdem sie ihr Essen ergattert hatten, änderte ein Blick auf Lauras Mittagessen

Alisons Meinung. Das Krabbenbrot war das beste, das sie je gegessen hatte.

Mam, Dad, Laura und Alison gingen hinüber, um sich die Ponys anzusehen. Alison stürzte sich in die Menge. Am anderen Ende schob sie sich auf einen freien Platz. Sie lehnte sich gegen den Zaun aus rautenförmigem Draht und betrachtete die Ponys, die sich in der Einzäunung zusammendrängten.

Die Ponys beobachteten aufmerksam die Menge. Ein paar kamen auf die Menschen zu. Die Fohlen waren jetzt wieder munterer und sprangen herum, viele von ihnen tänzelten neben ihren Müttern. Alisons Blick fiel auf die Braunen. Die gefielen ihr am besten. Dunkelbraun und glänzend wie Mahagoni war ihr Fell, es wirkte samtig weich, dicht und plüschig. Ein braunes Fohlen kam zum Zaun und stieß mit seinem kohlschwarzen Maul dagegen. Alison streckte langsam die Hand aus und rieb vorsichtig ihre Handfläche an den Nüstern. Das Fohlen machte einen Satz nach hinten und rannte zurück zu seiner Mutter, aber Alison hatte das seidenweiche Maul gespürt. Ihr Herz raste vor Freude.

„Hier bist du!" Alison hörte die Stimme ihres Vaters, als er ihren Arm berührte. „Wir haben uns schon gefragt, wo du hingegangen bist!"

„Ich musste näher heran", erklärte Alison, und ihre Augen leuchteten immer noch, weil sie das Fohlen berührt hatte.

„Das hab ich mir schon gedacht", antwortete Dad trocken. Dann tippte er mit dem Finger auf das Glas seiner Armbanduhr. „Es wird langsam Zeit für die Verlosung", sagte er.

„Die Verlosung! Okay, gehen wir!"

„Mam und Laura sind schon zum Podium vorausgegangen", sagte er.

Alison begann zu laufen. „Wir treffen

uns dort!“, schrie sie und ließ ihren Vater in einer Staubwolke zurück.

Die Menge rund ums Podium war dichter geworden. Alison entdeckte ihre Mutter und Laura an der Seite.

„Glaubst du, dass all diese Leute Lose gekauft haben?“, fragte Laura mit dünner und trauriger Stimme.

„Wahrscheinlich“, erwiderte Alison. „Aber denk dran, was Dad gesagt hat: Man braucht nur ein Los, um zu gewinnen!“

Laura sah ungläubig aus. Dann zog sie die leuchtend weiße Feder einer Seemöwe aus der Tasche und sah Alison an. „Vielleicht bringt uns diese Feder Glück.“ Sie steckte sie in ihr Haar.

„Habt ihr eure Lose?“, fragte der Feuerwehrmann. Er grinste breit.

Die Leute antworteten mit Gemurmel und suchten in ihren Handtaschen und Hosentaschen nach den Papierstreifen.

„Ich kann euch nicht hören“, stachelte sie der Feuerwehrmann an.

„Ja!“, schrien die Leute. Einige hielten ihre Lose in die Höhe.

Alison schaute auf die Lose, die ihre Mutter fest in der Hand hielt. Sie kniff die Augen zusammen, drückte die Daumen und konzentrierte sich auf ihren Wunsch.

Eine Frau in einem langen weißen Kleid drehte die Kurbel der tonnenförmigen Lostrommel. Alison wusste, dass es die Frau vom Krabbenbrot-Stand war.

„Und schon geht's los!" Der Feuerwehrmann griff tief in die Trommel hinein, sein Arm verschwand bis zur Schulter darin. Er wühlte kurz herum, einen Augenblick später zog er ein weißes Los heraus. „Nummer eins sieben fünf sieben", rief er.

Alison beobachtete ihre Mutter, die zuerst auf eines ihrer Lose schaute, die Stirn runzelte und das nächste betrachtete.

„Es ist meins! Es ist meins!", schrie die Frau neben Alison plötzlich und schwenkte ihr Los. Doch dann runzelte sie die Stirn. „Aber ich kann nicht behalten", sagte sie. „Ich wollte nur ein Los als Spende für die Feuerwehr kaufen. Ich kann kein Pony halten."

Ehe Alison begriff, was geschah, packte Laura die Frau am Arm. „Wir nehmen es!“, rief sie aufgeregt. „Wir geben Ihnen fünfhundert Dollar für König Neptun! Jetzt gleich!“

Die Frau war ziemlich verwirrt. Dann leuchtete ihr Gesicht auf, die Augen glänzt. „Erlauben eure Eltern euch, dieses Pony zu kaufen?“

„Na klar“, sagte Alison und hielt nach ihren Eltern Ausschau. Die beiden hatten sich nach Getränken angestellt und redeten mit gesenkten Köpfen miteinander.

„Wir haben fünfhundert Dollar gespart, und Mam und Dad haben gesagt, wir dürfen ein Pony von Chincoteague kaufen“, rief Laura. „Warten Sie, ich hole meinen Vater!“ Und sie stürzte davon.

Als Laura wegrannte, trat der Feuerwehrmann zu ihnen, der auf dem Podium gestanden hatte. Er nahm der Frau das Los aus der Hand. „Habe ich richtig gehört, dass Sie das Pony nicht behalten können?“

„Ja“, antwortete die Frau. „Ich habe das Los nur als Spende für die Feuerwehr gekauft.“

„Nun, warum versteigern wir den kleinen Kerl dann nicht gleich hier?“

„Die Mädchen hier“, die Frau wies auf Alison, „haben mir gerade angeboten, ihn für fünfhundert Dollar zu kaufen.“

„Mein Gott, wir können viel mehr als das für ihn bekommen, wenn Sie uns erlauben, ihn jetzt zu versteigern. Jeder hier kam mit der Hoffnung, den kleinen Kerl mit nach Hause zu nehmen.“

Die Frau schaute Alison unschlüssig an. „Wo sind deine Eltern?“, fragte sie.

„Meine Schwester holt sie gerade“, sagte Alison hastig.

„Wenn Sie wollen, dass ich ihn für Sie versteigere, dann sollten Sie sich rasch entscheiden", drängte der Feuerwehrmann. „Die Menge verläuft sich schon."

Die Frau schaute Alison wieder an, und Alisons Magen krampfte sich zusammen. Sie wusste, was jetzt kam. Als sie sich zum Gehen wandte, hörte sie, wie die Versteigerung begann. Und dann standen die Eltern neben ihr, zusammen mit Laura,

die sie geholt hatte. Sie hatte die weiße Feder in ihrem Haar verloren.

„Es ist zu spät", sagte Alison tonlos, und ihre Kehle schmerzte bei jedem Wort. „Es ist zu spät."

Laura ließ den Kopf sinken. Sie wollte weinen und nahm Mams Hand. Alison drehte ihnen den Rücken zu. Sie fürchtete in Tränen auszubrechen, deshalb biss sie sich wütend auf die Lippe und lief auf die Einzäunungen zu. Als sie in den Schatten der Kiefern eintauchte, hörte sie die Stimme des dunkelhaarigen Feuerwehrmannes ein letztes Mal.

„Verkauft!", sagte er. „Für sechshundertfünfundsiebzig Dollar!"

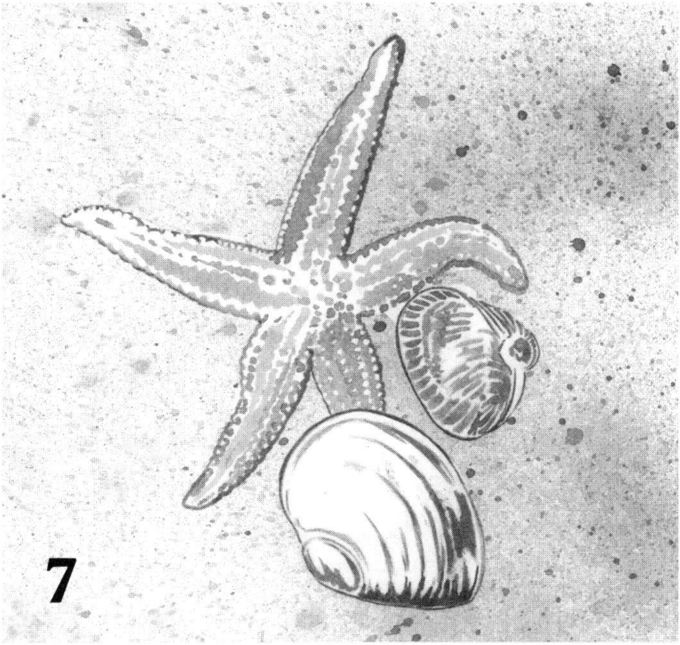

7

Den ganzen Tag trauerte Alison um das Fohlen, das ihnen gehört haben könnte. Dass sie ihrem Wunsch so nah gewesen und nun doch so weit entfernt, war fast schlimmer, als wenn sie es nie so weit geschafft hätte. Sie war abwechselnd wütend auf den Feuerwehrmann, der ihr die Chance genommen hatte, König Neptun zu bekommen, und auf die Frau, die ihr und Laura Hoffnungen gemacht hatte, nur um sie schließlich zu zerstören.

Für Laura war es der beste Trost gewesen, auf allen Karussells gleich zweimal zu fahren. Sie redete bereits über die Versteigerung der Wildponys, die am Morgen stattfinden sollte. „Mach dir keine Sorgen", sagte sie fröhlich zu ihrer Schwester. „Wir finden dort bestimmt das richtige Pony."

Aber für Alison war gar nichts mehr sicher. Ihr war, als ob das Glück sie verlassen hätte.

„Wie wär's mit etwas Zuckerwatte, Miesepeter?", erkundigte sich Dad mit einem kleinen Lächeln. Ehe Alison antworten konnte, schob er ihr eine klebrige rosa Tüte in die Hand.

Sie nahm die Zuckerwatte. „Ich bin kein Miesepeter!" Sie zog ein weiches rosa

Büschel oben aus der Tüte und schob es in den Mund.

„Aber du siehst so aus", bemerkte Laura.

Plötzlich brachen die Enttäuschung und die bitteren Gefühle, die Alison zurückgehalten hatte, wie ein Sturzbach aus ihr heraus. Sie fuhr zu Laura herum. „Woher willst du wissen, wie ich mich fühle? Für dich ist es doch überhaupt nicht wichtig, dass wir Neptun verloren haben! Vielleicht weil du nicht das ganze Jahr auf blöden lauten Jahrmärkten gearbeitet hast, um das Geld zusammenzukriegen! Du hast nur meinen Plan mit dem Pony übernommen!"

Lauras Augen wurden groß, sie trat einen Schritt zurück. Sie öffnete den Mund, um etwas zu sagen, aber Alison war noch nicht fertig. Sie wirbelte mit der Zuckerwatte herum. „Und dies hier ist auch wieder so ein blöder lauter Jahrmarkt, und ich war dumm genug zu glauben, irgendwas wäre anders!“

Lauras Unterlippe zitterte. Dann wurde ihr Gesicht starr, und als sie weitersprach, klang sie wütend. „Hast du vergessen, dass ich versucht habe, Neptun für uns zu kriegen? Nicht du! Ich hab die Frau angesprochen.“

Alison verstummte, als Laura mit leiserer Stimme fortfuhr: „Wir könnten morgen noch ein Pony bekommen. Wirklich! Warte es doch ab!“

Mam legte einen Arm um Alison und zog sie an sich. Die Zuckerwatte klebte an Mams Tasche, aber es schien ihr nichts auszumachen. „Ich weiß, Kind, wie du dich fühlst“, sagte Mam sanft. „Aber du kannst die Schuld nicht deiner Schwester geben. Sie hat wirklich versucht, dieses Pony zu bekommen.“ Mam lächelte Laura an, dann wandte sie sich wieder Alison zu. „Dad und ich haben euch vorher gesagt, dass es vielleicht nicht klappen würde." Sie strich Alisons Ponyfransen aus der Stirn. „Vielleicht musst du noch einen Sommer lang arbeiten und noch ein bisschen sparen. Mach weiter und lass dich nicht entmutigen! Eines Tages wirst du dein Pony bekommen."

Alison holte tief Luft und wischte sich eine Träne von der Backe.

„Ich hab immer daran geglaubt, dass man im Leben das zurückbekommt, was man anderen gibt", sagte Mam. „Du hast anderen schon viel gegeben und ihnen geholfen. Irgendwann wirst du erreichen, wovon du träumst!"

Alison schmiegte sich an Mams Schulter. Sie dachte an all die Stunden, die sie freiwillig mit dem Therapeutischen Reiten verbracht hatte, und an die vielen Male, die sie und ihre Schwester mit ihrem Tierclub in Pflegeheime gegangen waren, um den alten Leuten Gelegenheit zu geben, Tiere um sich zu haben. In diesem Augenblick glaubte sie ihrer Mutter fest.

Alison brachte ein Lächeln zu Stande und drehte sich zu Laura um. „Es tut mir Leid“, sagte sie. „Es ist nicht deine Schuld.“

Laura strahlte. „Ist schon in Ordnung“, sagte sie. „Ich glaube, ich weiß, wie du dich fühlst.“ Sie nahm Alisons Hand und drückte sie fest. „Lass uns zurückgehen und die Ponys anschauen“, schlug sie vor. „Ich hab gehört, wie jemand gesagt hat, dass die Feuerwehrleute sie gekennzeichnet haben. Wir könnten uns die Nummern von unseren Lieblingsponys aufschreiben, damit wir morgen mitbieten können.“

Zusammen gingen sie hinüber zu den Einzäunungen, wo jetzt die meisten Ponys gelbe Papierschildchen trugen, die auf ihren Kruppen klebten. Jedes Schild hatte eine Nummer für die Versteigerung. Die Ponys ohne Schildchen waren diejenigen, die die Feuerwehrleute selbst behalten wollten. Trotzdem würden fremde Käufer sie erwerben und dann der Insel stiften. Alison wusste, dass sie ein Foto des Ponys bekommen würden und eine Urkunde, in der stand, dass ihr Pony sein ganzes Leben auf der Insel Assateague verbringen würde. Als sie die Ponys betrachtete, schöpfte sie wieder Hoffnung.

Mam zog ein kleines spiralgebundenes Notizbuch aus ihrer Handtasche und gab es Alison zusammen mit einem Stift. „Es wäre kein Fehler, sich die Nummern derjenigen aufzuschreiben, die dir am besten gefallen“, sagte sie und wiederholte Lauras Vorschlag.

„Sieh dir das an“, sagte Laura und zeigte auf ein kleines kastanienbraunes Fohlen mit einer weißen Fessel.

„Es ist sehr niedlich“, erwiderte Alison,

„aber zu klein. Wir wollen eines von den größeren Tieren, damit wir nicht zu bald zu groß für das Pony werden.“

„Das ist eine vernünftige Ansicht“, sagte Dad. „Ein paar Tiere in der Herde haben Mustangblut.“

Lauras Augenbrauen hoben sich wie

zwei Fragezeichen über ihre dunklen Augen. „Was heißt das?“

„Es bedeutet, dass vor Jahren Mustangs aus dem Westen auf die Insel gebracht wurden und in die Herden gekommen sind, um frisches Blut einzukreuzen. Die Mustangs sind größer als unsere Ponys von den Inseln.“

„So wie das dort drüben“, stellte Alison fest und zeigte auf einen kastanienbraunen Hengst, der bei einer Gruppe Stuten und mehreren Fohlen stand.

„Ja, genau wie der dort“, sagte Dad. „Schau dir mal seine Kinder an!“

Alisons Augen leuchteten auf. Einige Fohlen des kastanienbraunen Hengstes waren braun und ziemlich groß und langbeinig. Manche hatten weiße Fesseln und hübsche Blessen, andere waren einfarbig. Es gab ein paar Schecken und auch ein rötlich schimmerndes, kastanienbraunes Fohlen. Alison erkannte das Fohlen, das sie vorher beim Zaun berührt hatte. Sie öffnete das Notizbuch und schrieb als Erstes die Nummer 49 auf.

„He, Alison, schau dir das an!“

Alison blickte auf und sah einen großen Buckskin-Hengst und eine braune Scheckstute. Neben ihnen stand ein ziemlich kleiner braunweißer Schecke, das kleinste Fohlen von allen, die sie bisher gesehen hatte. Es war mager und sehr schmal und sah sehr jung und hilflos aus. Auf staksigen Beinen stand es schwankend da.

„Das Fohlen wurde erst gestern Nacht geboren“, sagte ein Mann, der neben ihnen stand. „Seine Mutter war eine der Stuten, die mit dem Lastkahn schon Anfang der Woche hierher gebracht wurden.“

Alison lächelte dem Fohlen zu. Es würde wohl nicht auf die Versteigerung gehen, weil es noch ein Saugfohlen war, aber es war einfach bezaubernd.

„Hast du all die Nummern, die du willst?“, fragte Dad.

„Wir können niemals alle guten aufschreiben“, antwortete Laura. „Es sind einfach zu viele. Sie sind alle so süß!“

„Ich glaube, ihr habt genug Nummern“, sagte Mam. „Ihr ändert morgen sowieso noch einmal eure Meinung, wenn sie zur Versteigerung kommen.“

„Morgen!“, schrie Laura. „Nur noch ein Tag!“

In dieser Nacht konnte Alison lange nicht einschlafen. Sie beobachtete die Schatten der anderen Camper an den Feuern, die sich auf den Wänden ihres Zeltes abzeichneten. Sie holte tief Luft und atmete den Geruch des muffigen Zeltes ein und lauschte auf die gedämpften Geräusche von Gesprächen und gelegentlichem Gelächter, und sie beobachtete, wie die grünen Zeiger des Reiseweckers weiterwanderten, Sekunde um Sekunde. Endlich fiel sie in einen unruhigen Schlaf und träumte von wild herumlaufenden Ponys. Sie wachte auf und schlief wieder ein, und Fohlen sprangen durch ihre Träume. Schon vor dem ersten Morgenlicht war sie wieder wach und beobachtete aufs Neue die grün leuchtenden Ziffern auf dem Wecker. Sie wünschte, er würde klingeln, damit ihr großer Tag endlich begann.

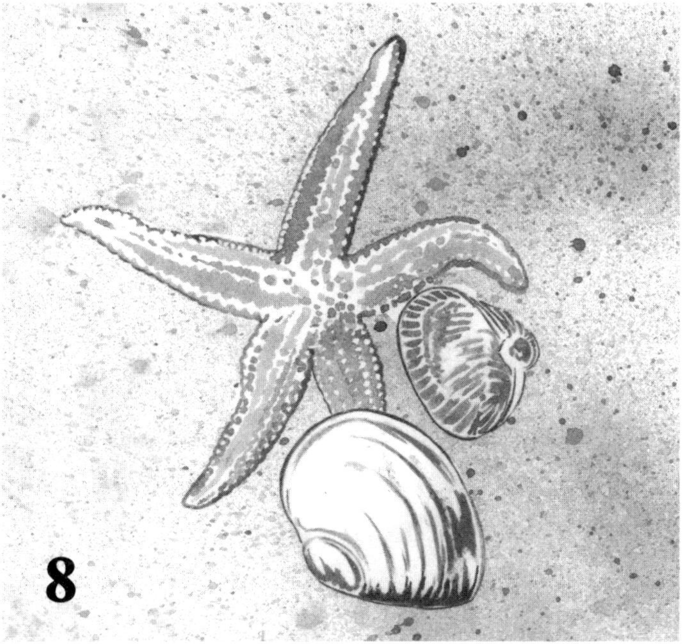

8

Morgens um zwanzig vor sieben war das Jahrmarktsgelände schon voller Menschen. Feuerwehrleute hatten einen Teil des Geländes für die Ponyversteigerung abgesperrt. Dort stand auch ein überdachter Pavillon für den Auktionator. Vorn war eine große Grasfläche mit Seilen abgetrennt worden. Dort würden die Feuerwehrleute den interessierten Käufern die Ponys zeigen.

Gartenstühle säumten bereits die Vorderseite und eine Querseite der improvisierten Arena. Alison und ihre Familie waren froh, dass sie die letzten Plätze ganz vorn in der Reihe auf der anderen Seite ergattert hatten. Mam und Dad stellten ihre Gartenstühle auf, und Alison und Laura ließen sich mit gekreuzten Beinen auf einer Decke neben den Eltern nieder. Laura hatte noch eine Möwenfeder gefunden und steckte sie sich hinters Ohr. Um Viertel nach sieben standen schon acht Reihen Gartenstühle da.

Ein Feuerwehrmann, der vor den Mädchen die Seile kontrollierte, blieb stehen und lächelte sie an. „Werdet ihr heute ein Pony kaufen?“, erkundigte er sich.

„Hoffentlich“, antwortete Alison.

„Bestimmt“, sagte Laura. „Wir sind jedes Jahr hierher gekommen, seit wir klein waren, und jetzt haben wir fünfhundertachtundvierzig Dollar dafür gespart!“

„Fünfhundertachtundvierzig Dollar?“, sagte der Feuerwehrmann nachdenklich.

Alison spürte einen dicken Sorgenkloß im Magen. „Glauben Sie, dass wir dafür eins bekommen?“

Der Feuerwehrmann nahm seine Mütze ab, kratzte sich am Kopf und setzte sie wieder auf.

Alison las, was auf seinem Schild stand: *Chincoteague Feuerwehr – David Savage.*

„Schwer zu sagen“, erwiderte David Savage langsam. „Manchmal kann man eins für diese Summe bekommen. Aber in den letzten Jahren wurden sie für viel mehr verkauft.“ Er wandte sich zum Gehen, blieb aber dann noch mal stehen. „Ich sag euch was, wenn ihr nahe dran seid, lasse ich fünfundzwanzig Dollar springen, um euch zu helfen."

Laura machte große Augen. „Wirklich?"

„Aber klar." Er klopfte Laura im Vorbeigehen auf die Schulter. „Denkt dran, fünfundzwanzig Dollar von mir, wenn ihr sie braucht."

Alison lächelte dem davonschlendernden Feuerwehrmann nach, der im Weitergehen die Seile der Absperrung kontrollierte.

Genau um acht Uhr kam das erste Fohlen heraus. Es war ein zierliches kastanienbraunes Stutfohlen, mit einem weißen Stern auf der Stirn und einer schneeweißen Fessel.

„Wer bietet tausend für den Anfang?", fragte der Auktionator.

Alison hielt die Luft an. Tausend Dollar für das erste Fohlen?

Als sich niemand meldete, senkte der

Auktionator den Betrag auf fünfhundert, dann auf dreihundert. Schließlich, bei zweihundert Dollar, begannen die Leute zu bieten. Alison entspannte sich etwas. Die Stimme des Auktionators summte wie ein Bogen, der über die Saiten einer Geige gezogen wird. Wie sich seine Stimme hob und senkte, gingen die Gebote auf und ab, bis das Stutfohlen für sechshundertfünfzig Dollar verkauft wurde.

Alison stieß die Luft aus, die sie, ohne es zu merken, angehalten hatte.

„Alison", sagte Laura leise. „Wenn das Kleine da schon sechshundertfünfzig Dollar gekostet hat, dann haben wir keine Chance. Wir werden niemals ein großes für fünfhundertachtundvierzig Dollar bekommen!"

Alison streckte die Hand aus und berührte Lauras Knie. „Manchmal bringt das Erste das meiste Geld, ganz egal, wie es aussieht", sagte sie. Aber ihr Magen krampfte sich zusammen, und der Kloß in ihrer Kehle wurde größer. Sie machte sich auch Sorgen, so wie Laura. Bei jedem Fohlen wurde der Preis höher, und das dritte wurde für über tausend Dollar versteigert. Alison zwirbelte nervös ihr Haar. „Vielleicht sollten wir mitbieten", stieß sie hervor, „damit sie wissen, dass es uns gibt."

„Gute Idee", sagte Mam. „Warum bietet ihr beim Nächsten nicht einfach mit? Aber geht nicht weiter als bis fünfhundertfünfzig Dollar!"

„Du meinst, dass *wir* bieten?"

Dad lächelte und nickte Alison zu. „Es wird euer Fohlen sein, nicht unseres. Also los. Heb einfach nur die Hand und sag eine Summe."

Alison knetete nervös ihre Hände. „Mach du es", flüsterte sie Laura zu. „Ich kann nicht!"

„In Ordnung!" Laura schien aufgeregt

zu sein und glücklich, dass sie etwas tun konnte. „Bei welchem soll ich bieten?"

„Biete bei allen mit", sagte Alison ohne Zögern. „Bei diesen Preisen können wir nicht wählerisch sein."

Laura nickte feierlich, die weiße Feder hinter ihrem Ohr wippte.

Kurze Zeit später wurde ein weiteres Fohlen herausgelassen. Es war ein braun-weißes Scheckfohlen, das sich erschrocken aufbäumte. Die beiden Männer, die es hielten, zogen es schnell wieder hinunter. Das Fohlen rollte in Panik die Augen und scharrte mit den Hufen, dann sprang es zur Seite und riss sich fast los.

„Nun, das ist mit Sicherheit ein ganz Wilder", sagte der Auktionator. „Was höre ich für ein Gebot für den kleinen Kerl?"

„Fünfhundert Dollar!", schrie Laura. Sie winkte dem Auktionator mit beiden Händen zu, und ihre Stimme war so laut, dass Alison aufsprang.

„He, Leute, dieses kleine Mädchen dort hat fünfhundert Dollar geboten!", rief der Auktionator. „Was haltet ihr davon? Wir beginnen mit fünfhundert Dollar. Höre ich sechshundert?"

Ebenso schnell, wie Laura ihr Angebot herausgeschrien hatte, ging es in der

Menge der sich erhöhenden Gebote unter. Sechshundert, siebenhundert, siebenhundertfünfzig, neunhundert ... Die Stimme des Auktionators summte weiter, bis das Fohlen für zwölfhundert Dollar versteigert war.

Alison beugte sich zu Laura hinüber. „Mach dir nichts draus“, sagte sie. „Du hast es gut gemacht. Aber fang das nächste Mal niedriger an.“

Laura bot zweihundert Dollar für das nächste Fohlen, aber die Angebote stiegen ganz schnell über fünfhundert. Sie versuchte, das nächste Fohlen zu ersteigern, und dann das folgende, aber immer stieg der Preis über fünfhundert Dollar.

„Versuch du es“, sagte Laura endlich mit gesenktem Blick zu Alison. „Vielleicht hast du mehr Glück.“

Also begann Alison für die Fohlen zu bieten. Zuerst kam ein braunweißer Schecke, dann ein kleiner Rappe mit hohen weißen Fesseln und einem winzigen Stern auf der Stirn. Es war noch nicht viel Zeit vergangen, seitdem sich die Mädchen abgewechselt hatten. Aber sogar für die kleinsten, magersten, ungebärdigsten und struppigsten Fohlen wurde mehr Geld gezahlt, als Alison und Laura gespart hatten. Ein Junge in einer Latzhose, der in ihrem Alter war, machte einen Luftsprung und stieß einen Freudenschrei aus, als seine Eltern ein Buckskin-Fohlen für zwölfhundert Dollar für ihn ersteigerten.

Alisons Augen füllten sich mit Tränen. Letztes Jahr hätte sie sich für den Jungen gefreut, aber heute machte es sie nur traurig.

Nach einer Stunde, in der neununddreißig Fohlen versteigert wurden, waren sie noch keinen Schritt weitergekommen. Alison wusste, dass dieses Jahr dreiundfünfzig Fohlen zur Versteigerung standen.

Die Zahl war bei jeder Auktion verschieden, sie hing davon ab, wie viele Fohlen während des Jahres geboren worden waren. Die Feuerwehr hatte auf Assateague nur für etwa hundert Ponys Platz und Futter.

Der Kloß in Alisons Magen war jetzt fast nicht mehr zu ertragen. Sie würden niemals ein Fohlen bekommen. Das wusste sie jetzt, und während ihr diese Tatsache klar wurde, fühlte sie sich richtig krank. Sie dachte an all die Arbeit während der Ferien, an ihre Ersparnisse. Ihre Hoffnungen hatten sich nicht erfüllt. Wieder waren es Sommerferien für sie auf Chincoteague mit Wünschen und Träumen. Obwohl sie und Laura diesmal viel mehr Geld als je zuvor hatten, würden sie wieder ohne ein Fohlen nach Hause zurückfahren.

Sie beobachtete, wie das nächste Fohlen vorgeführt wurde. Neben ihr saß

Laura mit niedergeschlagenen Augen, die Hände lagen ruhig in ihrem Schoß. „Ich werde nicht mehr bieten“, sagte sie. „Es hat keinen Zweck.“

„Ich auch nicht“, sagte Alison traurig, sie hatte aufgegeben. Sie spürte, wie Mam sanft ihre Schulter streichelte, und sah, wie Dad Laura auf seinen Schoß zog.

„Hier, Alison“, sagte Laura und nahm die weiße Feder aus ihrem Haar. „Nimm sie, das bringt Glück.“

Alison versuchte, Laura anzulächeln, aber sie war nicht sicher, ob sie ihr Lächeln überhaupt sehen konnte. Sie zwirbelte die Feder zwischen den Fingern und sah das nächste Fohlen herauskommen. Es war wieder ein großer Brauner, er hatte lange weiße Strümpfe, die bis zur Hälfte seiner Beine hinaufreichten, und einen kleinen weißen Fleck auf der Stirn.

Alison schaute mit Absicht mit verschwommenem Blick an ihm vorbei. Er war einfach perfekt, und sie wollte ihn gar nicht richtig ansehen. Stattdessen blickte sie zu dem Feuerwehrmann, mit dem sie vorher gesprochen hatten. Wie hieß er nochmal? David Savage, erinnerte sie sich. Er redete mit einer hübschen Frau, deren blonde Haare unter einem Strohhut hervorsahen. Neben ihr stand ein großer Mann mit dunklem Haar und einem breiten Lächeln.

Das Fohlen kam näher, bis der Feuerwehrmann es fast genau vor Alison zum Stehen brachte. Sie wagte einen Blick und vergaß fast zu atmen. Es war wirklich perfekt! Das Pony aus ihren Träumen! Seine glänzenden braunen Augen waren dicht vor ihr. Dann blieb es stehen, und sein Blick traf den ihren. Alison war, als schaute das braune Fohlen direkt in ihr Herz, als gehörte es ihr bereits. Es war unmöglich, dass es nicht *ihr* Fohlen war!

Tränen stiegen ihr in die Augen. Sie zwang sich wegzusehen. Während sie ihre Augen rieb, schaute sie auf die andere Seite. Da! David Savage zeigte direkt auf sie! Nein, er konnte sie nicht meinen. Vermutlich zeigte er auf das Fohlen, dachte Alison. Dann wusste sie, dass er das Fohlen gemeint hatte, denn der Mann mit der blonden Frau hob die Hand und machte ein Angebot.

Alison konnte nichts dagegen tun. Sie wurde in das Bieten mit hineingezogen, aber sie wünschte, dass der Mann und die nette Frau dieses Fohlen bekommen würden. Sie wusste nicht warum, aber sie wünschte sich, dass die beiden dieses wunderbare Pony bekommen würden – wenn sie es schon nicht haben konnte. Sie beobachtete, wie das Paar immer wieder bot.

Das langbeinige Fohlen sprang und tänzelte unter dem Griff der Feuerwehrmänner, die es fest am Führstrick hielten. Es zog die Männer ein paar Augenblicke lang quer durch den Ring, ehe sie die Kontrolle wiederhatten. Es hat Temperament, dachte Alison. Es ist einfach wunderbar!

Sie hörte den Auktionator rufen. „Verkauft für eintausend Dollar!“ Und einen Moment lang wusste sie nicht, wer das wunderbare Fohlen bekommen hatte. Dann sah sie, wie das Paar sich anlachte und umarmte, und sie wusste, dass es jetzt ihnen gehörte. Sie spürte eine seltsame Ruhe in sich. Der Kloß in ihrer Kehle lockerte sich. Alison sah zu Laura hinüber. Sie saß noch auf Dads Schoß und schob sich gerade eine andere weiße Feder ins Haar. Sie sah genauso aus wie die Feder, die im Knopfloch ihrer Jacke steckte.

Alison schaute wieder zum Verkaufsring. Der Feuerwehrmann zeigte auf sie! Diesmal war Alison sicher, dass er auf sie zeigte! Ihr Herz klopfte wie wild, als der Feuerwehrmann und das junge Paar sich einen Weg durch die Menge bahnten, nicht hinüber zu ihrem neuen Fohlen, sondern zu ihr.

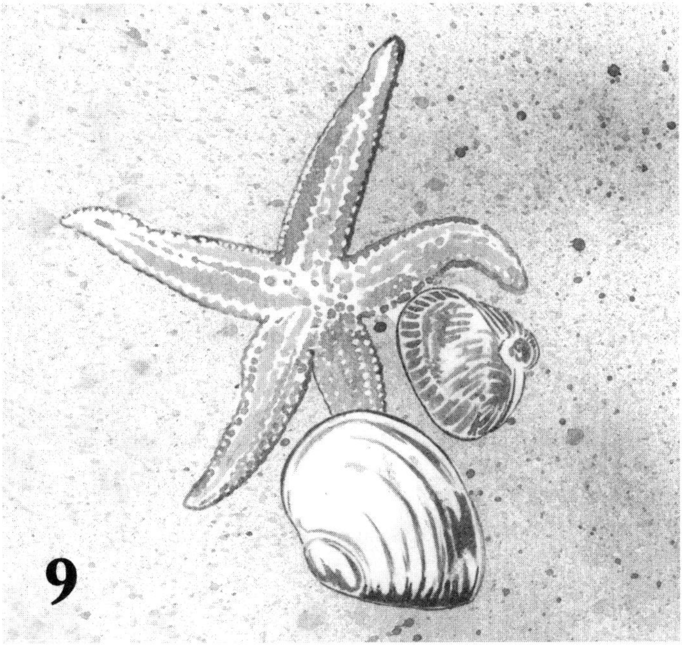

Alison beobachtete, wie die drei sich durch die Menge hindurch ihren Weg um den Ring bahnten und näher kamen. Als sie schließlich bei ihnen angelangt waren, hatte Alison sie schon ihren Eltern gezeigt. „Was wollen die bloß?“, fragte sie leise.

„Nun, noch einmal guten Tag“, sagte David Savage und strich über Lauras Haar.

Laura schaute mit aufgerissenen Augen zu ihm auf. „Hallo!“

Mr. Savage wandte sich an Mam und Dad. „Das sind Carolyn und Ed.“

„Ich heiße Jim“, sagte Dad und reichte Ed die Hand. „Und das ist meine Frau Moira, und dort sind meine Töchter Laura und Alison.“

Mr. Savage sagte: „Carolyn und Ed sind hierher gekommen, um ein Fohlen zu kaufen und es der Insel zu schenken. Aber sie sind spät hier angekommen.“ Er wandte sich an das Paar. „Es tut uns Leid“, fügte er hinzu. „Aber wir haben bereits ziemlich viele Ponys. Mehr können wir nicht unterhalten.“

Mam lächelte Carolyn an, und die junge Frau erwiderte das Lächeln.

„Deshalb, nun, ich habe ihnen von Ihren Mädchen erzählt und ...“ Er wandte sich zu dem Paar um. „Ich lasse es Sie lieber selbst erklären."

Ed lächelte. „Erzähl schon, Liebling."

Carolyn war aufgeregt. Sie kniete sich hin, um Alison und Laura in die Augen zu sehen. „Weil wir das Fohlen nicht für uns kaufen konnten, haben wir es für euch ersteigert ..." Obwohl die Versteigerung noch weiterging und um sie herum lautes Stimmengewirr herrschte, schien die Welt für Alison plötzlich stillzustehen. Das einzige Geräusch war das Rauschen in ihrem Kopf. Hatte sie Carolyn richtig verstanden?

Mam hatte Tränen in den Augen, und Lauras Augen waren groß und erstaunt. Dad räusperte sich. „Damit hatten wir allerdings nicht gerechnet", sagte er. Ihm schienen die Worte zu fehlen.

Mit ihrer schönen weißen Feder im Haar fragte Laura: „Aber warum für uns?"

Alison begriff nicht, warum Laura das

fragte. Die Tatsache, dass das Fohlen ihnen gehören sollte, war ein Traum, der Wirklichkeit geworden war. Da sollte man nicht fragen.

Carolyns Augen verschleierten sich ein wenig. „Ich hatte eine schwere Krankheit", sagte sie. „Und ich dachte, ich würde sterben. Die Ärzte hatten mir gesagt, es gäbe kaum Hoffnung. Aber ich bin nicht gestorben. Ich bin gesund geworden, und jetzt geht es mir wieder gut. Gott hat sich um mich gekümmert, als ich es am meisten gebraucht habe."

Erst jetzt stellte Alison fest, dass die Frau eine weiße Feder in der Hand hielt. Alison spürte, dass ihr Atem furchtbar laut war. Es sollte jetzt gar kein Geräusch geben, nur das von Carolyns Stimme, die ihre Geschichte erzählte.

Dad räusperte sich. „Aber was hat das mit uns und dem Fohlen zu tun?"

„Wir sind auf die Insel gekommen, um

jemand anderem eine Freude zu machen“, sagte Ed. „Wir glauben daran, dass es eine Art Verpflichtung ist, das Geschenk, das wir erhalten haben, an andere Menschen weiterzugeben.“

„Wir wollen etwas zurückgeben“, sagte Carolyn. „Denn wie Sie sehen, mir geht es gut. Die Krankheit habe ich überwunden. Und dann sind da noch die Federn“, sagte sie, als ob ihr das erst jetzt eingefallen wäre. „Ich habe immer daran geglaubt, dass Federn ein Zeichen der Hoffnung sind. Ich sammle Federn, seit Jahren schon. Und dann sah ich euch beide mit euren Federn ...“ Sie lächelte. „Als der Feuerwehrmann auf euch zeigte, sah ich die Feder in Lauras Haar, und du, Alison, drehtest eine weiße Feder in der Hand. Ich glaube, für mich war das ein Zeichen, dass wir euch helfen sollten, ein Fohlen zu bekommen.“

Alison spürte, wie Tränen ihre Wangen

hinunterliefen, und sie versuchte nicht sie aufzuhalten. Sie dachte nicht weiter über die Bedeutung der Federn nach. Sie dachte an den anderen Teil von Carolyns Geschichte. Den über das Zurückgeben. Mam hat uns das immer wieder gesagt, dachte sie. Und Carolyn sagt jetzt genau das Gleiche. Man bekommt im Leben das, was man gibt. Und manchmal muss man es auch zurückgeben.

Plötzlich umarmte Carolyn Alison, den anderen Arm legte sie um Laura. Alle weinten ein bisschen.

„Kommt, wir wollen euer neues Fohlen anschauen“, sagte die junge Frau endlich.

Das perfekte Fohlen, dachte Alison. Der wunderschöne Braune. Das Pony aus den Wellen, das mich angeschaut hat.

Als sie zu dem Pavillon gingen, um zu bezahlen, fiel Alison ein, dass sie noch immer die Chance hatten, das Pony vom Frauenhilfsfonds zu gewinnen, was sich

erst am nächsten Tag entscheiden würde. Wenn wir es gewinnen, dachte sie, dann geben wir es weiter, wie Carolyn und Ed es getan haben. Wir helfen mit, dass der

Traum eines anderen Kindes wahr wird. Aber dann dachte sie an ihr eigenes Fohlen und daran, wie sie es nennen würden. „Wir sollten dem Fohlen einen Namen geben, der irgendetwas mit Feder zu tun hat", sagte Alison.

„Wie Meeresfeder", sagte Laura träumerisch. Sie hüpfte neben ihnen her, ihre Hand lag in Carolyns Hand.

„Oder Seefeder", sagte Alison.

„Ja!", rief Laura. Dann kicherte sie, und ihre übermütige Freude steckte Alison an.

„Seefeder!", wiederholte Mam.

„Das ist schön", sagte Carolyn. „Ein schöner Name." Sie legte Alison die Hand auf die Schulter, und Alison lachte ihr zu.

Sie näherten sich der Einzäunung und lehnten sich an den Zaun. Sie alle suchten das Fohlen mit der Nummer neunundvierzig auf der Kruppe. Dann sah Alison es. „Dort ist es!"

Alle schauten in die Richtung, in die

sie zeigte. Das Fohlen wandte sich ihnen langsam zu, und Alison sah einen weißen Streifen.

Carolyn und Mam sahen sich verdutzt an. Das Zeichen!

„Er hat eine Feder auf dem Hals!“, sagte Ed. Ungläubig sah er Dad an.

Es stimmte. Das Fohlen war kein ganz richtiger Brauner, sondern fast ein Schecke, denn an seinem Hals konnte Alison ganz deutlich ein weißes Abzeichen erkennen. Es war schmal und lang und erinnerte ganz deutlich an eine weiße Feder.

„Seefeder“, flüsterte Alison, als das Fohlen näher kam. Ohne den Blick von ihm zu wenden, streckte sie die Hand aus, um nach Lauras Hand zu greifen. „Wir haben unser Fohlen“, flüsterte sie. „Unser Fohlen Seefeder, das uns gehört und von dem wir uns nie wieder trennen werden.“

Geliebte Ponys

VON

LOIS SZYMANSKI

Geliebte Ponys
Das Versteck im Wald

Geliebte Ponys
Das Pony in den Wellen

Geliebte Ponys
Kleiner schwarzer Prinz

Geliebte Ponys
Ein Zuhause für Schecki

Geliebte Ponys
Flocke und Schneeball

Geliebte Ponys
Foxi und das weiße Fohlen

Geliebte Ponys
Die beste Ponymutter

Die Reihe wird fortgesetzt!